KB212424

밀교,
마음의 부처
찾아가는 가장 빠른 길

—

카츠마타 슌쿄 지음

석혜능 옮김

부다가야

胎藏界曼茶羅(日本 東寺 傳眞言院)

金剛界曼茶羅(日本 東寺 傳眞言院)

석가모니 부처님과 16아라한 만다라

차례

| 제1부 | 밀교의 개요

| 제2부 | 진언밀교의 사상

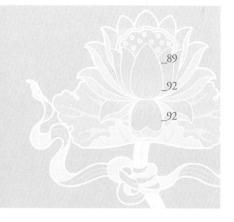

소재와 길상의 길 밝히는 **심비한 가르침**

제**1**부

밀교의 개요

제1.

밀교란 무엇인가?

1. 밀교 · 진언종의 의미

⑴ 밀교 - 불교의 한 유파

흔히 「밀교密教」라고 하면 어떤 특수한 종교라고 생각하는 경향이 있습니다. 그러나 불교 속의 한 흐름인 대승불교의 철저한 후계자이면서 오히려 대승불교의 꽃이라고 할 수 있는 것이 밀교입니다. 뒤에 다시 언급하겠지만, 밀교가 힌두교 등 인도의 제 종교와 관계를 맺고 있는 것은 물론이지만, 불교의 흐름 속에서 특수한 발전을 해온 하나의 「비밀불교」라고 할 수 있습니다.

「밀密」이란 「비밀」을 의미합니다. 「비밀」이라는 뜻을 지닌 산스크리트어[梵語]로 구히야guhya라는 말이 흔히 쓰이는데, 그것을 번역하여 「비밀」, 또는 「밀密」이라고 합니다. 따라서 「밀교」 또는 「비밀불교」는 그 의미하는 바가 종교적 체험의 깊이를 강조하는 것이기 때문에 「비밀교」라든가 「비밀불교」라고 합니다. 이른바 「깊고 오묘한[深秘] 가르침」이라는 의미가 포함되어 있습니다.

또한 밀교라고 할 때는 곧 현교顯敎라는 말이 대조적으로 등장합니다. 사실, 홍법 대사弘法大師 공해空海 이후의 일본의 진언밀교에서는 상대적인 의미로 현교와 밀교라는 말이 쓰이고, 현교에 대하여 밀교가 어떠한 특징을 가지고 있는가를 강조하려고 한 것입니다. 여기에 관계된 것으로 공해 대사가 저술한 것, 또는 그 이후의 천태종의 학자들이 쓴 것 그리고 헤이안平安 말기에 가꾸반(覺鑁:興敎) 대사가 현·밀 차별을 논한 것 등 대단히 많이 있는데, 그러한 것을 통해, 현교에 대한 밀교의 특색이 어디에 있는지가 상당히 폭넓게 연구되고 있습니다. 이점은 밀교 사상 편에 들어가서 좀 더 구체적으로 언급하도록 하겠습니다.

⑵ 인도에서 유파의 명칭

밀교는 인도에서 발달하여 중국과 한국, 일본에 전해지고 또한 티베트에도 전해져서 각자 독자적인 전개를 보입니다. 먼저 인도에서 일반적으로 사용되고 있는 호칭은 「바즈라-야나^{vajra-yāna}」라고 하고 「금강승金剛乘」으로 번역합니다.

또한 자신들이 대승의 발전 속에 더욱 깊고 크게 발전한 것임을 나타내기 위하여 「바즈라-마하야나^{vajra-mahayāna}」, 즉 「금강대승金剛大乘」이라고 과칭誇稱하기도 합니다. 밀교의 근본 경전인 『대일경』에도 「대승」이라는 말이 사용되고 있습니다. 그러나 그때의 대승은 『대일경』 이전의 대승을 말하는 것이 아니고, 그보다 발전한 형태로서의 「우리 대승」이라는 의미의 대승입니다. 또한 진언을 사용하고 있는 것을 강조하여 「만뜨라야나^{mantrayana}」, 「진언승眞言乘」이라는 호칭도 있습니다.

그리고 밀교를 서양에서는 「탄트릭 불교^{Tantric Buddhism}」, 「에소테릭 불교^{Esoteric Buddhism}」라고 하는데, 인도에서 7세기 이후부터 12세기 무렵까지의 밀교 문헌을 탄트라^{Tantra}라고 하는 것에 근거하여 밀교를 탄트라의 불교, 탄트릭 불교라고 합니다.

　인도에서 성전을 나타내는 언어인 수트라(sutra 팔리어;sutta)를 불교에서는 「경經」 또는 「계경契經」이라고 번역합니다. 본래 그것은 「날실[縱絲]」이라는 의미가 있습니다. 그리고 탄트라도 본래는 「씨실[橫絲]」이라는 의미입니다. 탄트라란 〈넓게 한다〉는 의미의 탄tan에서 나온 말이라 하여 「그것에 의하여 지혜가 넓혀지는 것」 또는 「모든 것을 한데 모은 것」, 「한 번 만들어진 것이 많은 사람에게 이익을 주는 것, 이것이 탄트라이다」라고 확대해석하기도 합니다.

　불교 성전에서 「수트라」라고 하면 「불설佛說」이라는 것을 나타내고, 논사論師가 설한 것은 「논서論書」라고 합니다. 그것에 대하여 탄트라는 역시 수트라와 같이 경전이지만 「불설」이라는 것을 강조하는 것은 아닙니다. 가르침에는 다름이 없지만 「수트라」는 사상적思想的인 내용이 풍부한 데 비하여 탄트라는 실천적인 면에 보다 중점을 두고 있다는 것으로 특징 짓기도 합니다. 아무튼 수트라든 탄트라든 진리를 문자로 기록하여 남기는 것을 기계로 옷감을 짜는 것에 비유하여, 씨실과 날실의 교차에 따라 우주의 진리를 파악할 수 있다고 하는 발상이 깔려 있다고 생각할 수 있습니다. 좀 더 부연한다면 밀교는 독특하고 복잡한 수행법[修法]과 관상법[觀法]을 가지고 있는 것이 현교顯敎의 수트라와 다른 점이라 하겠습니다. 그에 관한 의례(儀禮:修法의 規則과 方法)를 설한 문헌을 「의궤儀軌」라고 하는데, 그러한 여러 가지 종교적인 실천을 내용으로 하는 불교 문헌이라는 의미로 「탄트라」라는 말이 사용되게 된 것입니다. 이처럼 탄트라는 본래 사상이나 철학을 설하기 위한 것이 아니고 「대우주인 절대 세계」와 「소우주인 인간세계」가 본래 일체一體라는 생각으로 되돌아가는 것을 지향하는 실천의 도道, 수행의 방법[修法]을 명확하게 밝혀 주고 있습니다. 따라서 그것은 읽거나 듣거나 하더라도 혹은 내용을 안다든가 이해한다고 해도 전혀 의미를 지닐 수 없습니다. 왜냐하면 탄트라는 오로지 그것에 따라 행동하고 실천함으로써 비로소 본래의 의의를 완성할 수 있기 때문입니다. 이러한 의미에서 같은 불설佛說, 즉 경전이면서도 수트라라고 하지 않고 탄트라라고 하게 된 것입니다.

(3) 쿠카이空海 대사의 용어

홍법 대사 공해는 밀교의 대성자大成者라고 할 수 있을 만큼 밀교에 대한 용어의 사용 방법이 대단히 풍부합니다. 홍법 대사의 저술을 통하여 어떠한 말을 가장 많이 사용하고 있는가를 살펴보면 여러 가지로 분류할 수가 있습니다.

「진언종」이라는 말은 공해 대사가 일본에 새로 세운 종파의 종명宗名입니다. 그런데 공해의 저술 속에는 이밖에도 진언밀교眞言密教, 진언비교眞言秘教, 진언승교眞言乘教, 진언비밀장眞言秘密藏, 진언법교眞言法教 등의 말이 자유 자재로 쓰이고 있습니다.

또한 공해 대사는 「밀교」라는 말을 많이 사용하고 있는데, 그 밀교라는 계열의 말로는 비밀승秘密乘 비밀불승秘密佛乘 비밀일승秘密一乘 비밀금강승秘密金剛乘 비밀진언장秘密眞言藏 비밀만다라교秘密曼茶羅教 등이 사용되고 있습니다.

그리고 「금강일승金剛一乘」이라고도 하고 있습니다. 일승불교라고 할 때는 법화일승, 화엄일승이라고 하듯이 여러 종파에서 제각기 자기 종파의 우위를 내세우기 위해 강조했던 표현 가운데 하나입니다. 즉 최고의 가르침이라는 것입니다. 그것에 대하여 공해 대사는 「금강일승 金剛一乘」, 그것이 우리 진언밀교라고 강조하고 있습니다.

이처럼 공해 대사는 그야말로 밀교의 대성자로서 밀교를 철저하게 자신의 것으로 한 실천가였던 것인 만큼 밀교를 나타내는데 여러 가지 표현을 사용하고 있고, 사용하는 단어에 대해서도 제각기 밀교의 특성을 나타내는 깊은 의미를 간직하고 있음을 볼 수 있습니다.

(4) 진언종

앞에서 언급한 대로 밀교가 특히 일본에서 하나의 종파로 정착하고 있는 명칭은 진언종입니다. 그렇게 진언종이라는 이름으로 정착한 데는 그 나름대로 이유가 있었습니다. 불공 삼장不空三藏이 번역한 『분별성위경分別聖位經』이라는 작은 경 속에 「진언다라니종眞言多羅尼宗」이란 어떤 의미인가 하는 문장이 있습니다. 그 「진언다라니종」이라는 말에 공해 대사는 주목했습니다. 「다라니」를 빼고 「진언종」이라는 말을 할 수가 있었던 것입니다. 이렇게 해서 공해 대사는 종명을 「진언종」이라 한 것인데, 헤이안 초기에 중국에서 가지고 온 밀교를 일본불교의 여러 종파 속에 자리 잡게 하기 위해서는 하나의 명칭이 있어야 했습니다. 그래서 천태종이라 한 것에 대하여 자기 쪽은 밀교라 하지 않고 진언종이라 한 것입니다.

산스크리트어 「만뜨라mantra」를 「진언眞言」이라고 번역합니다. 만뜨라는 오래된 의미로는 신들에게 바치는 찬가, 신을 찬미하는 짧은 말입니다. 그것은 베다veda 등의 종교에도 이미 존재하고 있습니다. 이처럼 신들에게 바치는 찬가라는 의미가 있는 말을 공해 대사는 「진실어眞實語:진실한 말」라는 의미로 이해했습니다. 또한 「여의어如義語」라고도 하는데 「뜻과 같다[如義]」고 하는 것은 「진리의 말」, 「진실의 말」을 뜻합니다. 법신 대일여래法身大日如來의 자내증(自內證:스스로 깨달은 내용) 그 자체를 설명한 진실의 가르침, 진실의 말씀, 그것을 「진언」이라고 해석합니다.

공해 대사는 누구나 믿어서 의심이 없는 우주의 진리 그 자체, 부처님의 깨달음의 내용 그 자체를 가르침 속에 나타내고 있다고 하는, 「법신설법法身說法의 가르침」을 중심으로 하는 하나의 종파를 「진언종」이라고 했습니다.

2. 밀교의 분류

(1) 지역별로 본 밀교의 분류

밀교를 지역적으로 볼 때, 인도에서 중국 · 한국 · 일본 또는 티베트 · 몽골에 이르기까지 널리 퍼져 있고, 시간적으로도 긴 역사적 발전과 변천이 있습니다. 간단히 밀교 전체를 설명할 수는 없으며, 밀교라고 할 경우는 어디의 밀교인가를 한정하는 것이 무엇보다도 필요하다고 흔히 말합니다. 우선 지역적으로 분류하여 인도에서부터 살펴보도록 하겠습니다.

인도의 밀교는 1,300년의 긴 역사가 있습니다. 불교 밀교가 초기불교에서는 미미한 정도였지만 7세기 이후부터 급속히 발전하였습니다. 그 뒤에 중국에 전해진 밀교는 한역 경전에 의한 밀교입니다. 처음은 3세기 무렵이고 역경에 의해서 그 밀교의 사상이 겨우 보급되는 정도였는데, 8세기 중당中唐 무렵이 되면 밀교 경전의 전역대표하는 의미에서도 왕성하게 되고 밀교라는 한 종파가 여러 종파 사이에 독립하여 발전하게 됩니다. 그리고 그 계열의 밀교가 그대로 일본 밀교로 되었습니다.

일본 밀교는 중국 밀교의 전래에 의한 것이지만, 나라奈良 시대에는 아직 하나의 종파로 독립을 보지 못하고 헤이안 시대의 초기에 홍법 대사 공해에 의해서 비로소 한 종파로 독립한 진언종이 성립하였습니다. 또한 전교대사 최징傳敎大師最澄이 전한 일본의 천태종에는 천태밀교라는 것이 있습니다. 일본의 천태종은『법화경』뿐만 아니라 밀교를 겸해서 배우고 있는데,『법화경』과 밀교는 똑같이 높은 사상적 상황에 있다고 생각합니다. 이것을 흔히「원밀일치圓密一致」라고 합니다. 천태밀교는「태밀台密」이라 하고 진언밀교는「동밀東密」이라고 합니다. 이 경우「동東」은 교토京都의 동사東寺를 가리킵니다. 고야산의 밀교라고 해도 좋지만, 어느 시대에 동사가 진언종의 가장 중심으로 되고 동사東寺의 장자長者가 진언종의 대표이고, 다른 큰 본산本山을 통제한 적이 있었습니다. 거기에서 동사東寺가 진언종을 대표하는 의미에서「동밀」이라고 하였습니다.

그러므로 일본 밀교에는 동밀과 태밀의 두 가지 흐름이 있다고 할 수 있습니다. 또한 티베트에 전해진 밀교의 흐름도 있고 많은 경전의 티베트역과 밀교의 홍통弘通

그리고 티베트 밀교의 발달 변천이 있습니다.

(2) 인도 밀교의 분류

인도에서의 밀교의 발생·발달·변천에 대해서 직접적으로 인도의 문헌에 의해 밝힌다는 것은 불가능에 가깝습니다. 그것은 넓은 의미에서 인도 불교에 대해서도 사정은 같다고 할 수 있습니다. 왜냐하면 인도 문헌[산스크리터어 문헌]으로는 불교 문헌이든 밀교 문헌이든 어느 것도 거의 현존하지 않기 때문입니다. 그래서 불충분하긴 하지만 중국에 전해져 번역된 문헌자료에 근거하여 인도 불교 또는 그 한 부분으로써의 밀교 경전의 성립사를 추정할 수 있게 되었습니다.

인도 밀교 경전의 성립사에 대해서는 뒤에 중국 밀교의 성립사를 개관하면서 함께 언급하도록 하겠습니다. 여기서는 인도 밀교에 대해서 내용상으로 구분하여 중국·한국·일본과 티베트라고 하는 두 가지 방향으로 살펴보겠습니다.

(3) 중국 · 일본에서의 분류 방법

먼저 중국 · 한국 · 일본의 사람들이 생각하거나 약속한 것으로는 밀교를 「잡부 밀교雜部密敎」와 「순수 밀교純粹密敎」로 나누는 것입니다. 그 경우 인도 밀교의 흐름 속에 초기 밀교에서부터 650년 무렵까지의 사이에 성립된 것을 경전의 내용으로 보아 이들을 일괄하여 「잡부 밀교」라고 합니다. 그리고 현장 삼장이 인도에 갔다 돌아올 무렵 또는 그 직후 650~700년 무렵에 『대일경』과 『금강정경』이 성립하는데, 이 경전들은 그 내용으로 보아 「순수 밀교」라고 합니다. 이것도 엄밀히 말하면 여러 가지 문제가 있기는 하지만 우선 ①성불成佛 즉 부모에 의해 생긴 이 몸 그대로 부처님의 경지를 체현한다는 즉신성불卽身成佛을 강조하고 ②마하비로자나불(摩訶毘盧遮那佛; 大日如來)이라는 부처님이 등장하여 신앙의 대상으로 되며 ③석가모니불이 설하신 것이 아니고 법신 대일여래가 설하신 것이 내용으로 되어 있는 경전입니다.

여기서 '순수純粹'라는 것은 무엇이 순수하다는 것일까요? 「밀교」라고 하면 자칫하면 정통의 불교에서 벗어난 것처럼 생각하는 경향이 많은데, 밀교는 석가모니불

입멸 이래 불교의 흐름, 즉 대승불교의 역사적인 발전의 연장선에 있으며 오히려 대승불교의 철저한 후계자로서 가장 훌륭하고 우수한 것이 밀교의 정통적인 흐름이라고 평가하여 「순수 밀교」라고 합니다.

그것에 대하여 「잡부雜部」라는 것은, 좀 순수하지 않다든가 세속적인 여러 가지 것이 포함되어 있다는 식으로, 언어적으로는 여러 가지 의미가 있으나 그쪽에도 밀교의 한 특징은 있습니다.

이처럼 중국이나 일본의 학자들이 인도 밀교를 「잡부밀교」와 「순수 밀교」로 구분한 방식은 그다지 엄밀한 것은 아니지만, 요즈음도 이러한 구별 방법이 통용되고 있습니다.

⑷ 티베트 불교에서의 분류 방법

티베트에서의 인도 밀교에 대한 관점은 상당히 진보된 방법을 보입니다. 티베트의 전승으로는 1,300년 정도의 인도 밀교의 역사를 구분하여 제1기에서 제4기까지 네 가지의 시기로 나누고 있습니다.

제1기는 작作탄트라[kriya-tantra]라고 합니다. '끄리야作'

라고 하는 것은 여러 가지 종교적인 행위, 수법修法에 대한 작법作法을 중심으로 한 것으로 그러한 것을 쓴 탄트라가 성립한 시대라는 의미입니다. 이 속에는 밀교의 중요한 것이 대부분 들어 있습니다. 주법呪法, 다라니, 인계(印契;mudra) 등 여러 가지 수법의 작법, 만다라 등도 이미 자세히 설해져 있습니다. 다만, 즉신성불 또는 속질성불速迭成佛이라는 것은 아직 언급되어 있지 않습니다. '수법修作한다'는 것은 현세 이익적인 내용, 즉 사람들의 바람은 어떤 것이라도 이루어 준다는 '기원적인 수법'을 말합니다. 주문이나 다라니를 외우면 모두 구해진다든가 재난으로부터 구원된다고 하는 밀교입니다. 그것이 제1기의 밀교라고 합니다.

제2기가 행行탄트라[Cariya-tantra]입니다. '짜리야'는 '행行'으로 번역합니다. 대승불교의 여러 가지 수행이라는 의미에서 수법만이 아니고 넓은 의미의 수행도 하고 이론화理論化도 하고 있습니다. 이론화란 대승불교를 근거로 하여 거기에다 여러 가지를 체계화해 간다는 것입니다. 경전의 내용이 그렇게 되어 있습니다. 그러므로 「행탄트라」수행과 이론의 양 방면을 설하고 있습니다. 이것은『대일경』등을 읽어 보면 잘 알 수 있는 것인데, 그래서 구체적으로는『대일경』등을 가리킵니다. 밀교의 티베트 전승에서는 이것이 제2기입니다.

제3기는 유가瑜伽탄트라Yoga-tantra로 되어 있습니다. 이것은 요가를 중심으로 하는 밀교입니다. 유가는 요가 또는 싸마디samadhi라고 하는데, 선정禪定을 닦아 이루어진 삼매 속에서 부처님과 내가 합일한다는 것을 강조하는 것을「요가 밀교」라고 합니다. 그것의 대표적인 것이『금강정경』입니다. 그러므로『대일경』과『금강정경』의 성립은 시대적으로도 조금 다릅니다.『금강정경』쪽이 조금 후대에 성립했다고 할 수 있습니다. 내용상으로 대일여래가 설법하고 즉신성불을 설하는 등의 의미로는 순수 밀교純密에 속하지만, 순밀을 전반과 후반으로 나눈다면『금강정경』은 그 후반에 해당합니다. 여기에서 큰 문제가 되는 것은, 중국·한국·일본의 불교에서는『대일경』과『금강정경』을「양부兩部의 대경」또는「양부불이兩部不二」라 하고 그것이 지금까지의 진언종의 전승인데, 티베트불교의 관점에서는 그것이 다릅니다. 그 전과후, 짜리야 탄트라와 요가 탄트라에 차이가 있다는 것을 티베트의 학자는 지적하고 있습니다. 최근의 밀교 연구자들은 이러한 문제를 매우 진지하게 검토하고 있고, 공해 대사의 일본 밀교도 다시 보지 않으면 안 된다고 주장하고 있습니다. 학문적으로는 저도 거기에 동의합니다. 그러나 『대일경』과 『금강정경』이 일본불교에서는 「순수밀교」라는 하나의 틀 속에 넣어져 있습니다.

제4기가 무상유가無上瑜伽 탄트라Anuttarayoga-tantra입니다. 이것은 「후기 밀교後期密敎」라고도 하는데 거기에는 여러 가지 변천이 있습니다. 그러나 이 후기 밀교의 분야는 중국이나 한국, 일본 밀교에는 전혀 영향을 주지 않은 이른바 탄트리즘tantrism입니다. 인도와 서양의 학자가 연구하는 영역은 대부분이 이쪽입니다. 서기 750년부터 1,000년 정도까지의 경향을 모아서 「무상유가 탄트라」라고 하고 있습니다. 정통 밀교를 왜곡하는 '쾌락 사상'이라든가 '좌도밀교左道密敎' 라는 것도 모두 후기 밀교 시대인 「무상유가 탄트라」에서 파생되었습니다. 그런데 「무상유가 탄트라」의 핵심 교의를 왜곡한 '쾌락 사상'이나 '좌도 밀교' 는 중국 · 한국 · 일본 밀교에서 전혀 수용한 흔적이 없습니다. 그 이유는 무상유가 탄트라가 인도에서 융성하였던 것은 9세기 이후의 일이고, 홍법 대사 공해 및 그 제자가 유학했던 시대에는 「유가탄트라」의 시기여서 아직 중국 불교계에 알려지지 않았기 때문입니다.

　이러한 방법으로 인도 밀교의 긴 역사를 보면 중국, 한국, 일본에서는 「잡부 밀교」와 「순수 밀교」라는 비교적 단순한 구분만이 있으나, 티베트의 네 가지 시기로 구분하는 쪽이 인도 밀교를 더 잘 파악하고 있다고 할 수 있습니다. 이러한 여러 가지 연유로 저는 밀교를 분류할 때는 지역적으로 어디의 밀교를 가리키느냐고 하는 것을 반드시 전제로 하고 생각하지 않으면 안 된다고 봅니다.

　　(티베트밀교의 개요에 관한 자세한 설명을 쫑카빠 대사의 『응아림첸모−비밀도차제광론』과 케둡제의 『밀종도차제론』을 중심으로 정리한 개요를 이 책 부록에 첨부해 두었습니다. −역자주)

제2.

밀교 경전의 성립과 특색

밀교의 경전은 어떤 것이 있으며, 어느 시대에 성립한
문헌이 가장 많은가 하는 문제는 전문적으로 연구하면
오랜 시간이 필요하므로 여기에서는 대강의 줄거리만을
언급하도록 하겠습니다.

1. 밀교의 원류 - 인도 고대의 베다종교

밀교 경전의 성립을 고찰할 경우, 먼저 밀교의 기원이
라고 하는 문제가 있습니다. 그 밀교는 석가모니 부처님이 설한 것이 아니라는 것, 또는 석가모니 부처님 시대에 밀교가 있었는지 없었는지에 대한 논의가 먼저 대두되는데, 이 단원에서 말하고자 하는 밀교의 원류라는 것은 실은 인도의 고대 베다Veda 종교 속에 나타나고 있는 밀교의 한 요소를 지적하고자 합니다.

그 하나의 특징은 만뜨라mantra;呪文를 외우고 신들에게 양재초복攘災招福, 즉 재앙을 없애고 행복을 가져올 수 있도록 기원하는 것입니다. 신에의 찬가와 의례를 기록한 ①『리그베다』②『사마 베다, ③『야주르 베다』④『아타르바 베다』의 네 가지로 발전한 베다 가운데 특히 아타르바 베다Atharva-veda에 식재息災·주저呪詛 등의 주법呪法으로 신들에게 기도하는 것이 설해져 있습니다. 더욱이 브라만교[바라문교]의 성립 시대가 되면 그런 신들에 대한 기원이 한층 더 왕성하게 행해지고 있습니다. 이른바 다신교多神敎 시대라고 말하고 있습니다. 신들에게 기원할 때 만뜨라[진언]를 외우는 것은 나중에 불교 속의 밀교에서도 형식상으로는 그와 같이 행해지고 있습니다. 그리고 베다 종교나 브라만교에서 신앙의 대상으로 되는 신과 불교의 흐름 가운데 있는 밀교에서 믿어지고 있는 제존諸尊

과는 당연히 차이가 있지만, 자신의 생활 속에서 소망[願望]을 이루고 싶어 하는 인간의 심정은 시간을 초월하여 예나 지금이나 마찬가지입니다. 특히 불교도 이외의 사람들도 당연히 현세 이익적인 소망이라고 하는 것은 있었던 것이고, 그러한 의미에서 공통적인 원류를 갖습니다.

한 가지 예를 들어보면, 화천공양火天供養인 호마법護摩法도 그 기원은 브라만교에 있습니다. 그것이 밀교 속에 받아들여져서 마침내 진언종에서도 불교화된 호마법이 왕성하게 실행되고 있습니다.

2. 불교에서의 밀교의 발전 과정

(1) 초기불교

밀교가 발전하는 과정을 간단히 살펴보면, 밀교는 석가모니 부처님 시대부터 손제자의 시대[근본불교 시대]에 그 싹이 있었다고 지적할 수가 있습니다. 근본불교 경전 속에 이미 석가모니 부처님은 출가수행자가 세속적인 주술이나 주법·주문을 외우거나 주법을 행하는 것을 금지한 부분이 전해지고 있습니다. 그러나 신자들에게는 재난을 없애고 행복을 구하는 현세 이익적인 마음이 있어서 독을 없애거나 아픔을 치료하는 것, 예를 들어 이빨이 아플 때 치통을 낫게 하는 주문을 외운다든지 또는 독사나 독충을 쫓기 위해서 방호주防護呪:parita라고 하는 주문을 외워서 재해를 면하는 것은 허용하기도 했습니다.

결국 어느 시대이든 무언가에 의존해 몸의 위험에서 벗어나고자 하는 마음은 같습니다. 무언가에 의존하고 싶어 하는 것이 있으면, 그것이 정도를 넘지 않도록 한다든가 또는 그러한 형태를 견지하면서 정신적으로 안

정할 수 있는 것이라면 그것도 나쁘지 않다는 것이 초기 불교의 입장이었습니다.

(밀교의 기원을 초기불교에서의 주법이라든가 방호주[빠리따]의 존재 등 다만 이와 같은 주술의 개재介在에서만 찾고, 후에 발달한 고도로 정신적인 밀교를 다만「순화」의 한마디로만 설명한다면 그것은 자가당착이라고 학계에서 지적하고 있습니다. 그러므로 밀교의 기원을 주술적인 요소에서 찾을 것이 아니라 밀교가密教家 자신이 대승불교도로서 자인하고 있듯이, 역사적으로든 교리 사상적으로든 철저하게「대승불교를 계승하고 발전시킨 것이 곧 밀교이다.」라고 하는 것이 최근의 학계에 정설로 되어 있음을 아울러 밝혀 둡니다. - 역자 주)

⑵ 부파불교에서 대승불교 · 밀교로
부파불교에서 대승불교 중기까지는 제법 긴 시간이지만 그 시대에 밀교 경전은 점점 많이 성립되었습니다. 경전이 성립했다는 것은 그것이 널리 보급되었다는 것을 말합니다. 만들어지기만 한 것이 아니고 만들고 보급되어 밀교를 믿는 사람, 실천하는 사람이 많아지게 되었습니다. 대승불교의 후기가 되면 더욱더 급속히 밀교 경전이 많이 성립되어 인도 불교사에서 이른바 밀교 시대에 돌입하게 됩니다.

(3) 밀교 경전의 성립 과정

밀교 경전의 성립 과정을 알기 위해서는 먼저 경전의 수, 번역 연대를 기준으로 하여 도표를 만들어 보는 것이 이해하기 쉬우리라고 생각합니다. 이것은 인도의 밀교이지만 인도의 자료나 문헌으로는 파악하기 대단히 어려우므로 부득이 중국에서 번역된 한역 불전漢譯佛典 속에 있는 밀교 경전을 분류하여 역으로 인도 밀교의 성립 과정을 추측하는 방법입니다.

年度	222	280	316	420	581	618	716	800	960	1030
國名	吳	西晉	東晉	南北朝	隋	初唐	中唐	後唐	宋	
譯經數	4	2	18	27	10	63	200	37	120	

650年
대일경·금강정경   1203年
消滅

『대정신수대장경』(100권)이라는 방대한 대장경에서는

4권(제18,19,20,21권) 속에 「밀교부」로 수록되어 있고, 그밖에 반야부 · 보적부 · 대집부 등에도 밀교적인 요소를 갖추고 있는 경전들이 편집되어 있습니다. 그러므로 현재 우리는 아주 많은 부수를 밀교 경전이라 하고 그 경전과 번역자, 연대를 분류하고 있습니다. 그 경전의 번역연대와 경전의 수를 기준으로 하여 인도 불교사를 추정해 보면 위와 같은 표가 됩니다.

중국에서 삼국시대인 오吳 시대에 네 가지 정도의 밀교 경전이 번역되고 있습니다. 결국 중국에 소개되고 있다는 것은 이미 그 밀교 경전이 성립되어 있다는 것이 됩니다. 그로부터 서진 시대에 두 가지, 동진 시대에 18, 남북조 시대에 27, 수 시대에 10, 당의 초기부터 중기 무렵이 되면 밀교 경전의 수는 급격히 많아집니다. 현장玄奘법사와 의정義淨 법사도 밀교 경전을 번역했습니다. 그리고 이 초당初唐 시대에 많은 번역자에 의해서 번역된 밀교 경전의 수를 세어보면 63종류 정도 됩니다.

당의 중기 무렵中唐時代인 700년대가 되면 선무외善無畏 삼장에 의해서 『대일경』이, 금강지金剛智 삼장에 의해서 『금강정경』이 번역됩니다. 그리고 조금 늦게 불공不空 삼장이 금강정 계통의 밀교 경전을 많이 번역했습니다. 이들에 의해서 비로소 중국 밀교가 중국불교의 한 종파로써 성립하게 되었습니다. 그리고 이 시대의 역경은 거의 200종류에 달합니다. 당의 말기後唐 무렵에도 아직 밀교 경전의 역경이 계속되어 37종류 정도의 경전이 더 번역되었습니다. 그리고 오대시대五代時代라고 하는 혼란의 시대가 있고 뒤이어 송나라가 됩니다. 그 송대의 초기에 밀교 경전이 120종류나 번역되었습니다.

한역漢譯은 1030년쯤에 끝나 버리지만 인도 밀교는 그 후에도 계속됩니다. 그러나 얼마 되지 않아 인도 불교는 이슬람교도에 의해서 무참하게 파괴됩니다. 비끄라마실라사Vikramasīla寺라고 하는 밀교의 가장 큰 사원이 그때 철저히 파괴되어 밀교가 완전히 인도에서 소멸하여 버리는 때가 1203년쯤이고, 이것을 인도 밀교의 종말이라고 합니다.

한역 경전을 통해서 본 인도 밀교는 대략 이런 과정으로 발달 · 변천해 왔다고 할 수 있습니다. 좁은 개울이 흘러 흘러서 점점 크고 넓은 강물이 되듯이 인도에서 불교는 밀교 시대로까지 넓어졌고, 그러한 과정에 대승불교는 마침내 밀교 속에 흡수되어 버렸습니다. 그러므로 밀교는 대승불교의 철저한 후계자로써 불교의 오랜 흐름과 함께 하는 이러한 긴 역사가 있고, 많은 밀교 문헌을 총칭하여 「밀교 경전」이라고 합니다.

3. 밀교 경전의 분류

밀교 경전의 분류는 한 가지 시안試案이긴 하지만 다음과 같이 구분하면 좀 더 이해하기 쉬우리라 봅니다.

(1) 태장법부胎藏法部

태장법부는 엄밀히 말하면 「금강계」·「태장법」이라고 할 때의 태장법 부문이고, 그 대표적인 것은 『대일경』입니다. 그밖에 『광대의궤廣大儀軌』가 있는데 역시 『대일경』 계통의 경전을 의미합니다.

(2) 금강정부金剛頂部

『금강정경』 계통의 경전입니다. 여기에는 『금강정대교왕경金剛頂大教王經』 『약출염송경略出念誦經』 『반야이취경般若理趣經』 등이 있습니다. 이러한 경전을 「금강정부」라고 하는데, 『금강정경』 계통의 경전으로는 작은 경전까지 포함하면 숫자가 매우 많습니다.

(3) 제경부諸經部

세 번째는 「제경부」입니다. 하나하나 따로 부部를 정하면 매우 다양하고 많으므로 한데 묶어서 「제경부」라고 합니다. 그중에 대표적인 경전은 『소실지경蘇悉地經』 『소바호동자경蘇婆呼童子經』 『공작명왕경孔雀明王經』 『대운청우경大雲請雨經』 『인왕반야경仁王般若經』 『수호국계주다라니경守護國界主陀羅尼經』 『대승이취육바라밀경大乘理趣六波羅蜜經』 『대승밀엄경大乘密嚴經』 등이 있습니다. 「제경부」에는 이런 종류의 경전이 매우 많이 있습니다.

이 태장법부 · 금강정부 · 제경부의 세 가지가 밀교 경전 전체에 대한 큰 구분입니다. 다음은 밀교의 부처님 속에는 보살이나 명왕明王 · 천天 등에 대한 신앙이 많으므로 그것을 기준으로 해서 보살부, 명왕부, 천부로 나눌 수가 있습니다.

(4) 보살부菩薩部

「보살부」 가운데 먼저 관세음보살은 종류가 다양하여 성관음聖觀音=正觀音 · 십일면관음十一面觀音 · 천수천안관음千

手千眼觀音 · 불공견삭관음不空羂索觀音 · 여의륜관음如意輪觀音 · 마두관음馬頭觀音 등이 있습니다. 이른바 「변화 관음」이라고도 부르고 관음 계통의 부처님은 여러분이 있으므로 「관음부」라고 합니다. 그리고 대일여래의 다음 자리에 있다고 하는 금강살타金剛薩埵를 중심으로 한 것, 또는 대승불교에 이미 설해져 있는 문수보살, 보현보살, 미륵보살, 허공장보살, 지장보살, 8대보살 등이 있습니다. 이러한 보살을 중심으로 각각의 보살에게 기원하는 데 필요한 경전류가 있습니다.

(5) 명왕부明王部

「명왕」은 산스크리트어 「비드야 라자」vidya-raja의 번역인데, 「명明」은 우암愚暗을 깨뜨리는 지혜의 광명을 의미하고 진언을 뜻합니다. 그러므로 명왕은 비드야의 명明을 지닌 「명明의 주主」로서 교화하기 어려운 중생을 구제하기 위해 분노忿怒의 상을 나타낸 존尊입니다. 이들을 지명왕持明王 · 분노존忿怒尊 · 위노왕威怒王이라고 하고 삼종륜신三種輪身 가운데 대일여래의 대지大智로부터 현신顯身한 교령륜신教令輪身을 가리킵니다. 이러한 명왕부에는 부동명왕^{不動明王} · 항삼세명왕^{降三世明王} · 군다리명왕^{軍茶利明王} · 대위덕명왕^{大威德明王} · 금강야차명왕^{金剛夜叉明王} 등 오대명왕이 대표적이고 그밖에 명왕부의 제존을 공양하는 방법이 쓰여 있는 경전들이 여기 「명왕부」에 해당합니다.

(6) 천부天部

「천부」에는 범천^{梵天} · 제석천^{帝釋天} · 비사문천^{毘沙門天} · 대길상천^{大吉祥天} · 환희천^{歡喜天} · 마리지천^{摩利支天} 등 많은 천^天들이 있습니다.

이처럼 밀교는 다채로운 제불 · 제보살 · 제명왕 · 제천에의 신앙이 있습니다. 그리고 밀교에서는 단지 신앙하는 것만이 아니고 각각의 신앙 대상과 일체화^{合一}되는 것을 목표로 하므로, 그 신앙의 대상에 어떻게 예배하고 신앙하고 기원하여 성불에 이를 것인가를 밝혀 놓은 경전이 있습니다. 다음 장에서 밀교 경전의 특색에 대하여 살펴보겠습니다.

4. 밀교 경전의 특색

이번에는 외면상으로 본 밀교 경전의 특징을 살펴보겠습니다.

(1) 경전과 의궤

다채로운 밀교 문헌의 특색이라고 하면 우선 「경전經典」과 「의궤儀軌」의 두 가지 구분이 있습니다. 밀교 경전에는 보통 『대일경』이라든가 『금강정경』 등이 있으나 경전의 이름 끝에 「의궤」라고 되어 있는 것도 상당히 많이 있습니다.

「의궤」란 범어 「깔빠kalpa」의 번역으로 밀교의 경전에서 설한 불·보살·명왕·천·신 등을 염송·공양하는 의식이나 궤범을 말합니다. 즉 교리 사상을 가르치는 경전으로써만이 아니고, 그 경전을 수행과 실천적인 행법으로서의 「의궤」로 하고 있습니다. 사실 600종류 이상의 밀교 문헌 가운데 제목에 「의궤」라고 하는 말이 나오는 것이 106종류 정도 있습니다. 또한 「공양법供養法」이라든가 「염송법念誦法」이라는 말이 들어 있는 것도 20종류 이상이나 됩니다. 밀교의 경전이 다른 종파의 경전과 크게 다른 것은 신앙의 대상을 향하여 적극적으로 어떤 방법을 행하여 갈 것인가 하는 수법의 방법을 구체화하기 위하여 경전을 「의궤화」하거나 「의궤」로 된 것이 매우 많다는 것이 특징입니다.

(2) 밀교 경전은 다라니장陀羅尼藏

밀교 경전을 「다라니장」이라고도 합니다. 「다라니장」이란 「다라니dharani의 곳집[藏]」이라는 의미입니다. 「장藏」은 산스크리트 「삐따까pitaka」의 번역으로, '용기容器 · 곡창穀倉 · 암기된 것' 등의 의미가 있습니다. 흔히 삼장三藏이란 경장經藏 · 율장律藏 · 논장論藏의 셋을 말하는데 불교 성전을 이 세 가지로 나누어 모았다는 뜻으로 불교 성전을 총칭하여 「삼장」이라 합니다. 그런데 그 뒤 밀교가 발전하여 밀교 경전이 늘어나게 되자 그것을 하나의 장으로 모아서 「다라니장」이라고 하게 됩니다. 밀교 경전에는 여러 가지 좋은 법을 가져 잃지 않고 온갖 무거운 죄장을 소멸하여 열반을 속히 깨닫게 하는 미묘한 힘을 가지고 있는 「다라니」에 관한 것이 아주 풍부합니다. 예를 들면, 『다라니집경陀羅尼集經』(12卷 唐 阿地瞿多 譯), 『다라니잡집陀羅尼雜集』(10卷 失譯)이라는 경전이 있습니다. 그밖에 「OOO다라니」라든가 「다라니OOO」라는 식으로 제목 속에 다라니라는 말이 반드시 나오는 것이 200종 이상이나 있습니다. 이처럼 밀교 경전 속에는 「다라니장」이라고 할 수 있을 만큼 다라니가 많은 것이 두 번째 특징입니다.

(3) 밀교 경전에 설해진 밀교적인 것

밀교 경전에 설해져 있는 내용의 특징으로는 우선 「진언眞言」 또는 「다라니」가 많은 것을 들 수 있습니다.

「진언」은 산스크리트어 「만뜨라mantra」의 번역으로 '진실하여 거짓이 없는 말'이란 뜻입니다. 어원적으로는 '생각思念한다'는 뜻의 「만man」과 '그릇器'의 뜻을 지닌 「뜨라tra」로 이루어졌습니다. 이것에 의해 '신神의 덕을 사념한다'든가 '사념을 표현하기 위한 그릇', 즉 '신성한 문자 또는 언어'를 의미하고 있습니다.

그리고 「다라니」는 산스크리트어 「다라니dhārani」의 음역으로 '총지總持' 또는 '능지能持'라고 번역합니다. '마음을 통일하고 마음을 한 곳에 집중하여 지니는 것'을 의미합니다. 진언과 다라니는 엄밀히 말하면 서로 구별이 되는 것이지만 흔히 「OO의 진언」, 「OO의 다라니」라고 하고, '명(明;vidya 學問. 知識의 뜻)'이라든가 '명주明呪'라고 하기도 합니다.

다음은 「인계印契」를 들 수 있습니다. 「인印」은 산스크리트어 「무드라mudra」의 번역인데, '표시·증거·상징'의 뜻이 있습니다. 불·보살 등 제존의 깨달은 내용을 손이나 손가락으로 나타내는 것을 수인手印이라 하고, 칼·지팡이·연꽃 등 제존이 가지고 있는 지물持物로 나타내는 것을 계인契印 또는 상인相印이라 합니다. 그리고 불·보살이 깨달은 내용을 나타내기 위하여 무드라[印]를 맺는 것이지만 밀교의 수행자가 수법과 수행을 할 때도 반드시 무드라를 맺게 됩니다. 수행자가 무드라를 맺는 것은 사실 부처님에 대한 단순한 외형적인 모방이나 흉내의 영역을 뛰어넘어 진리의 어느 한 면 바로 그 자체로 되어버리는 것을 의미합니다. 이러한 인계인 무드라가 매우 다양하고 많은 것도 밀교 경전의 특징입니다.

또한 「만다라曼茶羅」가 있습니다. 「만다라」는 범어 「만달라^{mandala}」의 음역으로 '단^壇·단장^{壇場}·윤원구족^{輪圓具足}' 등으로 번역합니다. 원래는 비법을 닦을 때 마라^[魔衆]의 침입을 막기 위해 그려놓은 원형^{圓形}이나 방형^{方形}으로 구획한 지역을 「만다라」라고 합니다. 그러나 밀교에서는 주로 「취집^{聚集}」의 뜻을 취하여 '제불·보살 등의 성중^{聖衆}이 모이는 곳'^[성역공간]을 말합니다. 인도에서는 토단^{土壇}을 쌓고 그 위에다 제존을 그려놓고 행사가 끝나면 부수어 버리는데 중국·한국·일본에서는 주로 종이나 천^帛에 그려놓기 때문에 그런 면에서 조금의 차이가 있습니다. 아무튼 이렇게 단을 쌓아서 그 위에 제불^{諸佛}을 그려 모시고 그 만다라의 제불을 예배하는 방법이 상세하게 쓰여 있는 것이 밀교 경전의 한 특징이라고 할 것입니다.

(4) 신앙의 대상 – 보문과 일문

밀교의 특징적인 신앙 대상에 「태장계의 만다라」와 「금강계의 만다라」가 있습니다. 이들 만다라에는 대일여래를 중심으로 하여 제불·제보살·제명왕·제천 등 지극히 복잡하고 다채로운 신앙의 대상이 있습니다. 그러나 밀교에서는 불타관(佛陀觀)의 통일적인 견해가 진행되어 대일여래는 「보문(普門:samantamukha無量門)1)의 부처님」이고 그 밖의 제불 · 제보살 · 명왕 · 천 등은 일지一智 일덕一德을 나타내는 「일문一門의 부처님」으로 보고 있습니다.

이처럼 밀교 경전을 보면 신앙의 대상이 전체적인 것을 대상으로 하는 경우와 개개의 것을 대상으로 하는 경우가 있어서 그 수가 매우 많습니다. 이것은 밀교에서 불타관의 문제입니다. 밀교에서는 불타관이 이처럼 복잡하게 되어 있으나 그 복잡한 속에 매우 오묘하고 정교한 통일성이 있습니다. 그것도 밀교 경전 속에 설해져 있는 특징 가운데 하나입니다.

⑸ 관법과 기원

다음에 밀교 경전 속에는 관법觀法과 기원祈願에 관한 내용이 아주 많이 있습니다. 그 가운데 한두 가지 예를 들어보면, 보리심菩提心을 관하는 방법[菩提心觀]이 있습니다. 우리 마음속에 근본 자성인 정보리심淨菩提心이 있다

----

1) 보문普門 : samantamukha. 無量門이라고도 하며, 모두에 골고루 미치는 보편적인 門戶라는 뜻

는 것을 자각하도록 하기 위한 관법인데, 여기에는 월륜관月輪觀과 아자관阿字觀이라는 관법이 있습니다. 이것은 월륜본존도月輪本尊圖나 아자본존도阿字本尊圖를 걸어두고 그 앞에 정좌하여 호흡을 조절하고 마음을 집중하여 「월륜」 또는 「아자」로 상징된 정보리심이 본래 내 마음 속에 내재하고 있다는 것을 자각하는 관법입니다.

또한 「삼밀가지三密加持」의 묘행도 설해져 있습니다. 「삼밀」이란 「비밀의 삼업」[身密·語密·意密]이란 뜻이고, 「가지」는 범어 아디스타나adhisthana의 번역으로 상응하여서 관계하는 것, 호념護念·가호加護라는 의미에서 '부처님과 중생이 상응하여 일치하는 것'을 말합니다. 이처럼 부처님과 중생이 서로 명합하는 유가瑜伽의 경지에 들어가서, 행자行者가 몸에 무드라[印]를 맺고[身密] 입으로 진언을 외우고[語密] 뜻으로 본존을 관하여[意密] 행자의 삼업 위에 부처님의 삼밀이 더하여 섭지攝持되는 것을 「삼밀가지」라고 합니다. 이처럼 하여 행자와 본존은 일체一體로 되고 이 몸 그대로 부처가 되는 즉신성불即身成佛의 깨달음을 이룬다고 하는 밀교의 독특한 수행 방법의 하나입니다.

그리고 앞에서 언급한 바와 같이, 진언이나 주문·다라니를 설한 경전이 많은데, 특히 『다라니집경』이라고하는 경전도 있습니다. 이들 진언이나 주문·다라니는 양재초복攘災招福의 기원, 즉 병을 낫게 하고 연명延命하여오래 살게 하고, 비가 오도록 기우를 하고, 재보財寶를 얻게 하는 등 이른바 현세 이익적인 기원을 내용으로 하는것이 많이 있습니다.

이 현세 이익적인 기원의 신앙은 진언밀교에서뿐만이아니고 천태종이나 기타 불교의 모든 종파에서도 찾아볼 수 있습니다.

(현세에서 온갖 괴로움[苦]의 종식[＝ 消災]과 니르바나의 성취[＝ 吉祥]는 불교의 궁극적인 목적입니다. 그 소재와 길상을 단지 기도와 제사를 통한 주술적인 신비한 힘에 의지해 이루고자 하는가, 또는 제법의 본질[삼법인]을 깨달아 행복과 행복의 원인을 짓고, 고통과 고통의 원인을 제거하며 소재와 길상을 이루고자 하는데 샤머니즘적인 힌두밀교와 불교밀교로 나누어 집니다.
－ 역자주)

제3.

중국 밀교의 성립

1. 밀교 경전의 번역
- 삼국시대에서 초당 시대까지

인도에서 성립한 밀교 경전은 일반적인 불교[현교] 경전과 함께 일찍부터 중국에 전해져서 삼국시대부터 서진, 동진, 남북조 시대(200~600년 무렵)까지 많은 역경자에 의해 50여 종류의 밀교 경전이 번역되었습니다. 그런데 수隋에서 초당 시대(600~700년)까지 거의 100년 사이에 급격히 인도 밀교 경전이 성립한 듯이 그들 밀교 경전이 많은 번역자에 의해 번역되어 거의 60여 종류에 이르고 있습니다. 그들 밀교 경전에 의해서 밀교적인 불타관의 다양성과 의궤에 의한 수법, 진언·주呪·다라니의 지송과 그 공덕의 신앙 등 밀교의 특색있는 제 양상이 중국 불교계에 나타납니다. 따라서 초당 시대에는 그 새로운 밀교에 주목하는 경향도 나타나게 됩니다. 그러나 아직 밀교라는 한 종파가 성립하기에는 미흡하였습니다. 이것은 밀교의 수행법 등을 구체적으로 지도할 만한 사람[아짜리야=스승]이 없었기 때문입니다.

2. 중국 밀교의 성립 - 中唐 이후

중당 이후(700년대)가 되면 즉신성불의 사상과 실천을 중심으로 하는 이른바 순수 밀교의 경전이 중국에 전해져 번역되고, 밀교의 실천적인 수행 방법이 전해지게 되자 비로소 중국 사회 속에 새로운 밀교라고 하는 한 종파가 성립하기에 이릅니다. 밀교라는 한 종파를 탄생시키는 데 커다란 역할을 한 분들은 다음과 같습니다.

(1) 선무외善無畏(637~735)

먼저 첫 번째가 선무외 삼장입니다. 선무외는 「슈바카라싱하Śubhakarasimha」의 번역인데 동인도 마갈타국 왕가王家의 출신이며, 나란다Nalanda 사원에서 달마국다達磨鞠多에게 『대일경』 계통의 밀교를 배워 인도에서 이미 밀교의 아사리阿闍梨 acarya;軌範師 2)로서 유명했던 분입니다. 80세의 고령으로 개원 4년(716)에 중앙아시아를 거쳐 장안에 도

....
2) 아사리阿闍梨 : acarya. 軌範師. 正行이라 번역하며, 제자를 敎授하고 제자의 행위를 바르게 하여 그 궤범이 될 수 있는 스승을 말하는데, 밀교에서는 만다라 및 제존의 印明에 통달하여 傳法灌頂을 받은 자를 말함. - 譯註

착했습니다. 그 후 장안과 낙양의 두 곳을 왕래하면서 그 사이에 『대일경』 『소바호동자경』 『소실지경』 등 20여 종류의 밀교 경전을 번역하고 밀교의 수법 등을 전하였습니다.

(2) 금강지金剛智(671~741)

다음이 금강지 삼장입니다. 원명은 바즈라보디^{Vajrabodhi}라고 하는데 중인도 왕가王家에 태어나 나란다 사원에서 대승불교를 배우고 남인도에서 용지龍智보살(密敎付法相承의 第4代 祖師)을 만나 밀교를 배웠습니다. 바닷길로 해서 중국의 남쪽 지방에 도착하고 개원 7년에는 중국에 이르러 그 이듬해 개원 8년(720)에 장안까지 왔습니다. 선무외 보다 4년 정도 늦었으나 선무외와 거의 때를 같이하고 있습니다. 그리고 금강지는 『금강정약출염송경金剛頂略出念誦經』(4卷) 등 『금강정경』 계통의 20여 종류의 밀교 경전을 번역했습니다.

선무외와 금강지 두 사람은 모두 인도에서 이미 밀교의 아사리로서 밀교를 수법하며 밀교의 의식을 모두 체득한 사람들입니다. 이 두 사람이 중국에 와서 바로 제자들을 기르고 밀교의 수법과 관정의식 그리고 만다라를 그리는 방법 등을 제자들에게 가르쳤기 때문에 중국 밀교의 성립에 제1기는 선무외와 금강지에 의해서 그 기초가 다져졌다고 보아도 좋을 것입니다.

(3) 일행—行(683~727)

또한 이 무렵에 일행 선사가 나와서 중국 밀교의 수용과 성립에 커다란 업적을 남겼습니다. 이 사람은 중국의 학자로서 금강지와 선무외 양쪽에서 배웠는데, 특히 선무외의 『대일경』 번역을 도왔고, 진언밀교의 대표적인 주석서인 『대일경소大日經疏』(20卷)를 저술했습니다. 그러나 일행 선사는 선무외, 금강지보다 빠른 727년에 45세의 아까운 나이에 입적한 수재였습니다. 일행 선사는 원래 천태의 학자로서 밀교로 들어오게 되었는데 동시에 천문학 · 역법학曆法學에도 정통하여 유명한 『개원대연력開元大衍曆』을 만드는 등 이 부문에도 매우 많은 저술을 남겼습니다. 현재 중국에서는 일행 선사를 종교가보다도 과학자로서 더 높이 평가하고 있고 북경의 역사박물관에 가면 「과학자 일행—行」이라고 하는 동상이 있습니다.

이것이 중국 밀교 성립의 제1기에 해당됩니다.

(4) 불공不空(705~774)

제2기는 불공 삼장입니다. 불공不空은 범어 아모가바
즈라Amoghavajra의 역명인데 바라문의 혈통을 이은 인도 사
자국 사람으로 어려서 아버지를 여의고 숙부를 따라 남
양의 여러 나라로 다니다가 자바[현 인도네시아]에서 금강지
삼장의 제자가 되고, 개원8년 16세 때 스승을 따라 중국
에 왔습니다. 금강지 삼장을 모시고 역경에 조력하고,
밀교를 배워 양부(금강계와 태장계)의 대법과 밀교의 깊은 뜻
을 계승하여 부법付法의 조사가 되었습니다. 개원 19년
(731) 금강지가 입적한 뒤에 그의 뜻을 이어 인도의 아릉
국阿陵國을 거쳐 사자국의 불아사佛牙寺에 있으면서 보현普
賢 아사리에게 밀교의 대법을 전해 받고 『금강정경』 계통
의 여러 경과 논을 가지고 다시 중국에 돌아와서 밀교를
전하고 경론 번역에 종사하게 됩니다. 700년대 후반은
오직 불공 삼장이 중심이 되어 밀교 경전의 번역과 수법
을 성하게 하여 많은 제자를 두고 또한 밀교의 사찰을 여
러 곳에 건립하였습니다. 이처럼 불공 삼장의 시대에 비

로소 중국의 다른 종파와 비교하더라도 불공의 밀교 쪽 세력이 우세하게 되고 당의 후반에 밀교가 왕성하게 되었습니다. 그렇게 된 데는 밀교와 당의 왕실과의 밀접한 관계가 있었습니다. 그 외호에 힘입어 중국 밀교는 급격히 발전해 가게 되었습니다.

(5) 혜과慧果(745~805)

불공의 법을 이은 제자 가운데 가장 우수한 제자가 혜과였습니다. 혜과 화상和尙 또는 혜과 아사리라고 하는데 이 사람이 바로 공해 대사의 스승입니다. 혜과 아사리는 장안의 청룡사 동탑원에 있었고 당조唐朝의 신임을 얻어 밀교를 크게 홍포하고 많은 제자를 두었습니다. 60세가 되었을 때 32세의 공해 대사가 이 스승을 만나 밀교의 비법을 전해 받을 수 있었습니다.(신라의 慧日 대사도 공해 대사보다 먼저 혜과 아사리에게 전법을 받았다는 기록이 남아 있는데, 혜일 대사가 밀교 전법을 받고 신라로 귀국한 뒤의 행적은 알려지지 않고 있습니다. - 역자주)

일본 밀교는 거기서부터 시작되는데, 중국 밀교는 그 뒤에도 발달·변천을 하여 800년대 후반 무렵까지 인도 밀교의 경전을 가지고 와서 번역하고 있었습니다. 그리고 불공과 혜과의 문하가 왕성하게 활동하여 각각의 밀교를 발전시켰습니다.

중국 밀교의 성립은 이 정도로 살펴보고, 중국 밀교가 일본에 전해진 후 어떠한 양상을 띠게 되었는가 하는 문제는 다음 장에서 살펴보기로 하겠습니다.

제4.

나라奈良 시대의 밀교

아스카飛鳥 하쿠호오白鳳부터 나라奈良 시대까지 중국불교는 급속히 일본에 전해졌는데 밀교 경전도 불교 경전 속에 포함되어 전해졌습니다.

⑴ 밀교 경전의 전래

나라奈良 시대에 밀교 경전이 전해졌으나 대부분은 잡부 밀교의 경전이었고 순수 밀교의『대일경』이나『금강정경』계통의 경전은 극히 적었습니다. 현재 나라奈良의 정창원正倉院 문서에 엄청나게 많은 사경寫經의 기록이 남아 있고 학자들이 여러 가지 경전에 대해서 정리하고 있는데 밀교 경전에 대해서도 정리가 이미 되어 있습니다. 나라 시대의 정창원 문서를 보면 잡부 밀교 경전의 거의 전부와 극히 일부의 『대일경』과 『금강정경』 계통의 경전이 전해졌고 다소간 연구가 되었던 것도 알 수 있습니다. 그렇게 말할 수 있는 것은 나라 시대에 겐보오玄昉(?~746)라는 법상종法相宗을 전한 유명한 스님이 있었는데, 이분은 중국에 십여 년간 유학하고 덴헤이天平 7년(735)에 일본으로 돌아올 때, 5,000여 권이나 되는 엄청난 경론을 가지고 왔다고 합니다. 이는 덴헤이 시대에 이미 한문으로 번역된 경전류는 거의 가지고 온 것이 됩니다. 그 속에 잡부 밀교의 경전이 대부분 들어 있었고, 나라奈良 시대의 학자가 그것을 서사書寫하고 공부하는 것도 비로소 시작되었으리라는 것을 짐작할 수 있습니다.

⑵ 밀교가 보급된 형태

그렇게 전해진 밀교의 보급 형태를 살펴보면 첫째로 사경寫經이 행해졌습니다. 그리고 밀교의 불상佛像이 매우 많이 조성되었습니다. 전문학자들이 통계적으로 조사한 것에 의하면 140~150체體 정도 있는 나라奈良 시대의 불상 가운데 40체 정도가 밀교의 불상인 것으로 알려지고 있습니다.

또한 다라니를 외우면 병이 낫는다든가 재난을 면할 수 있다고 하는「다라니신앙」이 보급되었습니다. 헤이안 초기의『일본영이기日本靈異記』라고 하는 책을 보면 그러한 얘기가 많이 나오고 있으므로 다라니신앙이 상당히 보급되었던 것을 알 수 있습니다. 이와 같은 양상이 공해 대사 이전 밀교의 모습이었다고 할 수 있습니다. 공해 대사도 젊은 나이에 출가하여 수행했기 때문에 이러한 것을 알고 있었다고 보입니다. 그러나 그러한 신앙에 공해 대사가 만족할 수 없었고 자신이 중국에 가서 배워 전해야겠다는 결의를 하기까지에는 그 나름대로 이유가 있었을 것이라고 봅니다. 그래서 헤이안 초기가 되면 드디어 공해 대사가 등장하게 됩니다.

제5.

공해空海 대사의
입당구법과 진언종

1. 젊은 날의 수행

　공해空海(774~835) 대사는 시코쿠四國의 사누키讚岐 지금의 젠추우지 시善通寺市에서 호우키寶龜 5년(774)에 태어났습니다. 아버지는 사하키 아타이타佐伯直田公, 어머니는 아토우지阿刀氏, 어릴 때의 이름은 마오眞魚라고 합니다. 15세 때 백부 아토노阿刀大足를 따라 상경하여 백부의 지도를 받았습니다. 18세 때 대학에 들어가서 중국의 학문을 배웠는데 그 공부는 대단했습니다. 공해 대사 자신도 『삼교지귀三敎指歸』의 서문에서 자신은 대학에 들어가서 잠이 오면 송곳으로 다리를 찔러 졸음을 쫓으며 공부했다고 말했습니다.

공해 대사는 중국의 학문만으로는 만족할 수가 없었고 인생의 근본 문제를 해결하기 위해서는 불교를 배우고 수행하는 것이 중요하다고 느껴 미련 없이 대학을 중도에 퇴학하고 불교 수행의 길에 들어간 것입니다. 처음에 우연히 한 스님에게서 『허공장구문지법虛空藏求聞持法』[3]이라고 하는 밀교의 수법을 전해 받고 먼저 자신이 태어난 고향인 시코쿠에 가서 아와阿波의 오오타키다케大瀧嶽와 토사土佐의 무로카미사키室戶岬 등지에서 구문지법을 닦으면서 혹독한 수행을 계속했습니다. 또한 시코쿠의 산야를 두루 순례하기도 하고, 나라奈良에 가서 요시노吉野의 남쪽 지방에서 엄격한 산악 수행을 체험했습니다.

나라 불교의 연구에도 정진했습니다. 당시 나라에는 법상종, 삼론종, 화엄종, 율종 등의 학문이 성했으므로

---

3) 허공장구문지법虛空藏求聞持法 : 1卷, 善無畏 譯. 허공장보살을 염하여 기억력이 견고해지기를 구하는 수법. – 譯註

그들 제종의 불교 문헌을 독파하고 연구를 계속했습니다. 그리고 20세 무렵에 출가득도하여 이름을 「공해空海」라고 했습니다. 공해 대사의 불교 연구와 수행은 크게 진전되어 24세 때 유교와 도교와 불교의 우열을 밝힌 『삼교지귀』를 저술했습니다. 이것은 공해 대사의 출가 선언서라고도 합니다. 그런데 마침 그 무렵 공해 대사는 야마토의 구미사久米寺에서 『대일경』을 발견하고 그 경전에 「자기의 탐구와 깨달음에의 진실한 삶의 길」이 설해져 있는 것을 알고 깜짝 놀라 그 이후 『대일경』 등의 밀교 경전 연구에 전념했습니다. 그러나 밀교 경전은 단지 읽는 것만으로는 알 수가 없고 반드시 밀교의 「아사리」로부터 전법을 받지 않으면 이해할 수 없는 부분이 많이 있습니다.

24세부터 입당入唐하는 31세까지의 공해 대사를 「울지 않고 날지 않는 7년간」이라고 흔히 말하는데, 그동안에 무엇을 하고 있었는지는 지금의 자료로는 전혀 알 수가 없습니다. 아마 중국에 가서 공부할 충분한 준비를 하고 있었던 것이 아닐까 추측하기도 합니다. 이리하여 공해 대사는 입당구법의 기회가 오기를 기다리고 있었습니다.

2. 입당구법入唐求法

공해 대사는 31세 때 견당사遣唐使의 배를 타고 중국으로 건너가게 됩니다. 견당사의 배는 네 척이었는데, 첫 번째 배에는 견당대사 후지와라(藤原葛野, ?)와 공해 대사가 타고, 두 번째 배에는 전교대사 최징最澄이 탔습니다. 난바難波=大阪에서 출발한 것이 5월이고, 7월 6일에 큐슈九州의 타노우라田浦를 출항하였는데 바로 폭풍우를 만나 한 척은 침몰하고 다른 한 척은 되돌아갔지만, 제1선과 제2선은 항해를 계속했습니다. 그때 견당사의 일정과 동향 등은 『속일본후기續日本後紀』에 전해지고 있으며 이것은 신용할 만한 사료史料입니다.

8월 10일, 표류 끝에 중국 복주福州 근처의 적안진赤岸鎭에 도착했습니다. 해적선으로 오해를 받아 상륙하기가 어려웠던 일 등은 공해 대사 자신의 문장 속에도 기록되어 있습니다. 고충을 겪은 끝에 11월 3일, 간신히 복주를 출발하여 긴 대륙의 여행을 계속하여 12월 23일에 당의 수도 장안에 다다를 수가 있었습니다.

이듬해 2월 견당대사의 일행은 중책을 완수하고 귀로

에 오르고 유학생인 공해 대사와 타찌바나橘 逸勢는 장안에 머물러 처음으로 서명사西明寺에 들어갔습니다. 그리고 2월부터 5월까지 장안의 큰 사원을 방문하거나 중국의 문화인들을 만나기도 하고, 인도에서 와 있던 반야般若 삼장과 모니실리牟尼室利 삼장을 만나서 인도의 사정을 듣기도 하고 범어를 배운 것도 이 시기였다고 봅니다.

5월 말에 청룡사의 혜과 아사리를 찾아가서 밀교의 비법을 배우게 됩니다. 그때 혜과 아사리는 60세, 공해 대사는 32세였습니다. 혜과 아사리는 불공 삼장의 문하에서 당시 밀교계의 제일인자로 추앙받던 사람입니다. 이 스승과 제자의 만남에 대한 정경은 공해 대사 자신이 써서 남긴 문장 속에 자세히 전하고 있습니다. 스승은 외국에서 온 젊은 학승을 기쁘게 맞이하며, 밀교 상승의 가장 중요한 의식인 전법관정灌頂을 주게 됩니다. 이때의 사정을 공해 대사는 「나에게 발보리심계를 주시고 관정 도량에 드는 것을 허락하시어 수명관정受明灌頂을 받은 것이 세 번에 이르고, 아사리위阿舍利位를 받은 것이 한 번이었다.」『御請來目錄』고 말하고 있습니다.

참고로 「수명관정」受明灌頂이란 밀교를 수학하고 제자

가 되는 것을 허가하는 의식의 작법으로, 인연 있는 일존一尊의 무드라印와 진언眞言을 주게 되며 「허가관정」許可灌頂이라 하기도 합니다. 그리고 아사리위를 받는다는 것은 밀교 교수教授의 자격으로 금강계·태장계 양부의 비법을 관정단灌頂壇에서 받는 것인데 「전법관정」傳法灌頂이라고 합니다. 그러므로 이 보리심계를 받는 것과 태장계와 금강계의 양부 관정을 받는 것은 진언밀교의 최고 비밀의 법을 상승하는 것입니다. 공해 대사는 이 최고의 의식을 수반한 비법의 전수에 의해 혜과 아사리 만년의 가장 우수한 제자가 되었고 일본에 돌아가서 밀교를 보급할 자격을 얻게 되었습니다. 그 후 공해 대사는 더욱 밀교의 여러 가지 비법을 전수 받기도 하고 밀교 경전의 서사에 침식을 잊기도 했습니다. 또한 양부의 대만다라와 밀교 법구法具의 제작을 의뢰하여 밀교상승相承에 필요한 여러 가지를 준비했습니다.

12월 15일, 스승 혜과 아사리는 60세로 입적합니다. 공해 대사가 유학생으로서 스승에게 배운 것이 겨우 반년이었습니다. 공해 대사의 슬픔이 얼마나 컸었는지를 충분히 짐작할 수 있습니다. 그때 공해 대사는 스승을 추모하고 그 덕을 칭송하여 「혜과화상비문」을 썼습니다.(『聖靈集』卷2) 그 문장에는 스승과의 만남, 스승의 따뜻한 지도에 대한 감사, 스승의 높은 학덕, 민중의 교화에 커다란 업적을 남기고 있는 것을 찬탄하는 내용으로 쓰여있습니다. 스승에 대한 추모와 경앙을 잘 드러낸 명문으로 평가되고 있습니다. 스승이 입적하신 그 이듬해 2월에는 귀국의 길에 오릅니다. 마침 장안에 와 있던 견당대사 타카시나高階遠成가 일본으로 돌아감으로 함께 귀국하기로 하였습니다.

4월에 월주越州에 도착하여 거기서도 널리 중국의 문헌을 수집하고, 8월에는 명주明州를 출항하여 10월 초에 무사히 큐슈에 도착했습니다. 이 입당구법은 출발에서 귀국까지가 불과 2년 8개월, 장안에 체재한 것이 1년 2개월, 혜과 아사리에게 사사한 것은 반년이 됩니다.

큐슈에 도착한 공해 대사는 다자이후太宰府에 머물면서 10월 20일에 『청래목록』을 제출했는데, 입당구법의 총결산이라 할 수 있는 중요한 기록입니다. 공해 대사가 혜과 아사리로부터 관정을 받고 혜과 아사리에게서 배운 밀교라는 것은 ①불교 가운데서도 가장 우수한 가르침이고 ②즉신성불의 가르침이고 ③진호국가鎭護國家의 가르침이고 ④민중의 양재초복의 가르침이라고 설하고 있습니다. 이것은 밀교란 무엇인가 하는 문제에 그 핵심을 잘 파악하여 정리한 것이라 할 수 있습니다. 그 후 공해 대사가 일본에 진언종을 창종하고 교화 활동을 전개하면서 그 근본이념이 되었던 것이 바로 이 네 가지 조항이었습니다.

『청래목록』에 의하면 가지고 온 문헌에는 일본에 전해지지 않았던 불공 삼장 역의 새로운 경론 의궤와 범자 진언 등을 비롯하여 그 밖의 많은 경론의 주석서經論章疏가 있고, 양부의 대만다라와 밀교법구 등 중요한 것들도 많이 포함되어 있어서 참으로 얻은 바가 많은 입당구법의 여행이었다고 생각합니다.

특히 공해 대사가 처음 들여온 것 가운데 많은 경론은 「삼십첩책자三十帖策子」라 하여 처음에 동사東寺와 고야산에 각각 비장 되었다가 후에 인화사로 옮겼는데, 현재 인화사에 국보로 비장 되어 있고, 법구의 일부도 동사東寺에 국보로 비장 되어 있습니다.

3. 새로운 밀교 – 진언종의 개종

(1) 고웅산사高雄山寺시대

공해 대사는 귀국하고 나서 당분간 다자이후太宰府의 관세음사에 머물렀다가 대동大同 4년(809), 36세 때 교토의 고웅산사에 주석하게 됩니다. 이 절은 와키씨和氣氏가 창건한 것으로 전에 천태종의 전교 대사 최징最澄이 「법화십강法華十講」을 열었고 최징最澄이 일본에서 최초로 밀교의 관정의식을 행했던 곳이기도 한데, 이제는 공해 대사가 진언밀교의 제일성第一聲을 놓게 된 것입니다.

홍인弘仁 원년(810) 10월에 『인왕경仁王經』과 『수호국계경守護國界經』에 근거하여 진호국가의 비법을 닦아 후지와라藤原藥子 반란 직후의 국내 평화를 위한 기원을 했습니다. 그리고 홍인 3년 11월과 12월에 고웅산사에서 금강계와 태장계의 양부 관정을 정통 밀교의식으로 행하였습니다. 이때 천태종의 최징最澄과 그 문하의 사람들 그리고 남도南都의 학승들이 관정을 받았는데 이것을 「고웅의 관정」이라고 하고 공해 대사의 진언밀교가 높이 평가되는 계기가 된 것입니다. 이때 관정을 받은 사람들을 기록한 것이 현존하는『고웅관정기』입니다.

이 무렵 천태종의 최징最澄과 공해 대사는 친밀하게 교제를 하여 최징最澄이 자주 공해 대사에게 밀교의 경론을 빌려 가기도 하고 몇 번이나 서간을 주고받았는데 공해 대사가 쓴 유명한『풍신첩風信帖』등이 현존합니다. 공해 대사는 밀교 경론을 널리 각지에 서사 하도록 권하는 서간을 보내면서 밀교와 현교가 무엇이 다른가를 밝혀 밀교의 특색을 크게 선전하는 일에 노력하고 있었습니다. 그리고 공해 대사는 서도書道에도 뛰어나서 사가嵯峨 천왕과 친분을 맺게 되어 사가 천왕의 외호로 새로운 진언밀교를 제 종파 사이에서 발전시킬 수 있었습니다.

(2) 고야산의 개창

홍인 7년(816), 공해 대사 43세 때 고야산에 수선修禪하는 일원一院을 건립하기를 발원하고 그것이 허락되어 드디어 고야산 개창의 대사업에 착수하게 됩니다.

고야산의 개창에 대해서는 고야산의 토지신丹生津姬이 나타나서 그 토지를 공해 대사에게 주었다든가, 또는 네 마리의 개를 거느린 사냥꾼의 모습을 한 고야명신高野明神

을 만나 안내를 받고 고야산에 올랐다는 전설도 있습니다.

어쨌든 고야산의 개창은 나라奈良의 「도시불교」 부정을 상징하고 또한 「산악불교山中佛敎」의 부흥을 의미합니다. 이것은 공해 대사가 소년 시대 이래 체험하고 사색해 온 본래 불교의 모습에 대한 확신과 그 실현의 제일보를 보인 것입니다.

고야산 개창의 칙허를 얻어 다음 해에 개산 불사를 착수하고 먼저 제자 태범太範과 실혜實慧 등을 고야산에 파견하여 실지조사를 시키고 그 후에 공해 대사가 산에 올라 홍인 10년, 산상山上에 가람伽藍을 건립하게 됩니다. 그러나 아무래도 수도인 교토에서 멀고 산이 높은 데다 산속의 공사였기 때문에 건축자재나 인부의 식료 등이 부족하여 공해 대사는 유지의 사람들에게 서간을 보내어 원조를 의뢰한 것 등이 『고야잡필집高野雜筆集』에 남아 있습니다. 다행스럽게도 천장天長 연간이 되면 고야산에 다보탑, 강당, 승방 등이 건립되어 금강봉사金剛峯寺라고 하였습니다.

천장 9년에는 고야산에서 만등회萬燈會가 처음으로 열리고 쇼와承和 원년에는 대탑, 서탑도 건립되어 공해 대사의 만년에 고야산은 확고한 진언종의 근본 도량으로 되었습니다. 고야산의 개창이야말로 공해 대사의 생애에 있어서 최대의 불사였습니다.

헤이안 초기의 불교를 상징하는 것은 최징最澄의 비예산比叡山과 공해 대사의 고야산高野山이라고 할 수가 있습니다. 남도의 여러 큰 절들은 대부분 관사官寺이거나 유력한 씨족들의 절이었고, 도시불교의 성격을 띠고 있었습니다. 그러나 비예산의 일승지관원一乘止觀院과 고야산의 금강봉사金剛峰寺는 함께 구도자의 수행도량이고 산악山嶽 불교의 성격을 가지고 있는 것이 특색입니다. 여기에는 학문불교, 종교의례 중심의 불교에서 구도 수행의 불교라고 하는 반성이 불러일으켜지고 불교 본래의 모습에로의 자각이 높여지고 있는 것을 엿볼 수 있습니다. 일본불교 속에서 고야산이 완수한 종교적인 역할을 생각할 때 공해 대사의 고야산 개창의 의의는 지극히 크다고 하지 않을 수 없습니다.

(3) 동사東寺의 경영

공해 대사의 교단 활동 중에 또 한 가지 중요한 것은

동사東寺를 칙사 받아 교토의 진언종 근본 도량으로 만든 일입니다. 동사東寺와 서사西寺는 연력延曆 13년(794) 헤이안 천도 후 바로 착공하였습니다. 홍인 14년(823), 공해 대사 50세 때 이 절을 칙사 받아 여기에 공해 대사의 많은 제자가 모여들어 진언종의 유력한 종단이 성립되었습니다. 천장 2년에 강당이 건립되어 동사東寺에서 「인왕경법」을 닦아 진호국가, 전화수복의 기원을 하였습니다. 이어서 천장 3년에 5중탑 건립에 착수하게 되는데, 5중탑은 공해 대사의 재세 중에는 완성되지 못했습니다. 그러나 관정당, 종루, 경장 등은 완성되어 동사를 교왕호국사라고 칭하고 진호국가의 근본도량으로 했습니다.

(4) 사회적 활동

공해 대사는 홍인 10년 고야산 개창의 큰 불사가 한창일 때 공사를 제자들에게 맡기고 하산하여, 한때 중무성中務省의 관리직에 종사했는데 이것은 공해 대사의 정치적인 수완을 엿볼 수 있는 일면입니다. 홍인 12년에는 시코쿠 사누키讚岐의 만농지萬濃池 수축사업을 완성하고 있습니다. 또한 천장 5년에는 토지를 기증받아 여기에 서민을 위한 학교를 설립하고 종예종지원綜藝種智院이라고 이름하였습니다. 이 학교의 교육 이상과 교육 방법, 교육 조건 등을 서술한 것으로 「종예종지원식병서綜藝種智院 #序」가 있습니다.(『성령집』권10) 여기에서 공해 대사의 교육 사상을 엿볼 수가 있는데, 아쉽게도 이 학교의 경영은 공해 대사의 뜻을 계승하지 못하고 겨우 20년 후에 폐교하게 됩니다. 그러나 공해 대사가 보인 서민 교육에의 열의와 그 실행력 그리고 교육 이념은 높이 평가되고 있습니다.

⑸ 문예 방면의 활동

공해 대사는 위대한 종교가이고 사상가인 동시에 또한 문예 방면에도 다채로운 활동을 남기고 있습니다. 먼저 서도 방면에는 사가 천왕, 타찌바나[橘 逸勢]와 함께 삼필三筆이라고 불리었고, 많이 남아 있는 공해 대사의 친필은 모두 국보로 지정되어 있습니다.

또한 시문詩文에도 능하여 공해 대사의 입당구법부터 만년에 이르기까지 쓴 시문과 서간, 비문, 원문, 상소문

등은『변조발휘성령집遍照發揮聖靈集』(『성령집』이라 약칭)에 수록
되어 있습니다. 또한 시문의 이론을 기술한 것으로『문
경비부론文鏡秘府論』과『문필안심초文筆眼心抄』가 있고, 일본
에서의 최초의 사전이라고 할 수 있는『전예만상명의篆隸
萬象名義』라고 하는 것도 있습니다.

공해 대사의 사상 활동에 대해서는 이것이 밀교 사상
의 조직 대성大成이라고 하는 중요한 측면이기 때문에 제
2부 진언밀교 사상眞言密敎思想의 단원에서 언급하기로 하
겠습니다.

소재와 길상의 길 밝히는 **심비한 가르침**

제**2**부

진언밀교의 사상

제1.

밀교 사상의 조직화

여기서부터는 밀교 사상의 대표되는 특징으로 어떤 것들이 있는가를 살펴보겠습니다.

밀교 사상은 긴 밀교 사상사의 흐름 속에서 파악되어야 하며, 구체적으로는 많은 밀교 문헌에 주목하지 않으면 안 됩니다. 그러나 그들 밀교 문헌에는 여러 가지 사상이 설해져 있으므로 거기에서 하나로 정리된 사상을 포착하기란 쉬운 일이 아닙니다. 이러한 사정은 중국 밀교를 봐도 마찬가지입니다. 선무외와 일행, 금강지, 불공, 혜과 등 뛰어난 밀교의 학자들은 중국 밀교라는 하나의 종파를 성립시키기 위해 종단의 조직이나 여러 사원의 건립에는 현저한 성과를 보였으나, 밀교 사상을 조직화한다는 점에 대해서는 뚜렷한 성과를 보이지 못했습니다. 우리는 중국 밀교를 보는 것만으로는 밀교 사상의 특징적인 것을 파악할 수 없게 되었습니다. 밀교 사상을 조직적으로 받아들이고 밀교 사상의 특징을 밝히는 일은 홍법 대사 공해에 의해 비로소 이루어지게 됩니다. 공해 대사의 수많은 저술을 보면 밀교를 진언종 또는 진언밀교로 받아들이고 그 한 종파의 성립 역사와 교학 사상의 특징을 밝히고자 노력한 흔적이 많이 있습니다.

구체적으로 말씀드리면 진언밀교의 상승과 홍통의 대강을 보이기 위해『비밀만다라교 부법전秘密曼荼羅教付法傳』과『진언부법전眞言付法傳』을 저술하고 있습니다. 또한 밀교의 특색을 현교와의 비교에서 밝힌 것으로『변현밀이교론弁顯密二教論』이 있습니다. 그리고 일반사상계나 불교의 성문 연각의 이승二乘과 대승의 제종[법상종 · 삼론종 · 천태종 · 화엄종]과의 대비 속에서 밀교의 특색을 밝히고, 한편으로 보리심의 전개 순서로도 볼 수 있는『비밀만다라십주심론秘密曼荼羅十住心論』과『비장보약秘藏寶鑰』이라고 하는 중요한 저술을 남기고 있습니다.

또한 진언밀교의 가장 중요한 사상이고 인도 밀교, 중국 밀교에서도 강조하는 즉신성불 사상을 받아들여 그 이론과 실천의 양면에서 상세히 논술한 『즉신성불의即身成佛義』, 법신설법法身說法이라고 하는 밀교 독자의 사상을 종래 대일여래의 설법이라고 하는 전승의 영역을 넘어서 진언과 표현된 문자가 진실한 것이라 보고 법신설법의 실상을 밝힌 『성자실상의聲字實相義』, 자상字相 · 자의字義를 설하여 진언다라니의 본질에 대해서 구체적으로 해명한 『훔자의吽字義』라고 하는 저술도 있습니다.

보리심의 사상과 삼매야계의 사상에 대해서도 그 참뜻을 밝히고 있습니다. 더욱이 현대적인 문제로 생각되는 인간관이나 불타관의 문제, 진실한 삶의 길 등이 공해 대사의 사상에 의해서 밝혀지고 있습니다. 공해 대사의 저술 활동은 밀교 사상의 재검토와 조직화에 집중되어 있다고 보아도 틀리지 않습니다.

제2.

밀교 사상의 교판

1. 진언밀교의 교판

「밀교 사상의 교판」이라고 하면 좀 어려운 것 같지만 「교판敎判」이라고 하는 말은 불교 용어로 흔히 사용되고 있는 「교상판석敎相判釋」을 말합니다. 가르침이 여러 가지 있을 때 그것을 비교하고 구별하여 우열을 명확히 하는 것을 교판 사상이라고 합니다. 천태종·화엄종·법상종 등 중국의 불교에서는 교판이 활발하게 행하여 졌습니다. 따라서 공해 대사도 진언종을 열면서 「교판」이라는 하나의 방법론을 사용했던 것으로 볼 수 있습니다.

다른 것과 비교해서 어디가 어떻게 우수한가 또는 어떤 점에서 밀교가 뛰어난 특징을 가지고 있는가를 논증하는 것이 교판입니다. 진언밀교의 특질을 밝히기 위해 여러 가지 사상 여러 가지 종교와 비교하고 그 비교 속에서 밀교가 이러한 특징을 가지고 있고 그래서 밀교는 확실히 우수한 가르침이라는 것을 논증한 것입니다.

여기에서 공해 대사는 두 가지 방법을 사용하고 있습니다. 그 하나는 현교와 밀교를 비교해서 어떻게 다른가 하는 것, 다른 하나는 십주심의 사상[십주심의 교판]이라고 하는 주심住心 사상을 근저로 하면서 여러 가지 사상과 종교를 나열하고 그 위에 밀교의 특징을 명확히 하는 방법을 취하고 있습니다. 결국 공해 대사의 교판 사상은 첫째는 「현밀이교의 교판」이고, 둘째는 「십주심의 교판」이라는 방법을 써서 밀교의 특색을 밝히려 한 것입니다.

2. 현밀이교의 교판

먼저 첫째로 「현밀이교의 교판」에는 중요한 문헌이 두 가지 있습니다. 그 하나는 홍인 6년, 공해 대사 42세에 쓴 밀교 경론을 옮겨적는 서사書寫에 대한 의뢰의 서간입니다.(『성령집』 권9) 그 내용은 밀교의 경전을 각지에 보급하기 위해 밀교 경전을 서사해 줄 것을 의뢰한 편지를 여러 지방에 보냈습니다. 그 편지의 전단에 밀교는 이러한 특징을 가지고 있기 때문이라는 것을 매우 간결하게 밝힌 문장이 있습니다. 그리고 그 편지를 쓴 시기와 거의 비슷한 무렵에『변현밀이교론』을 썼습니다.

이 서간과『변현밀이교론』은 내용상 같은 것을 말하고 있는데, 서간 쪽은 취지만을 쓴 것이고『이교론』은 자료론이라고 할 수 있을 만큼 많은 경론을 인용하여 비교하고 있습니다. 편지와 자료를 중심으로 한『변현밀이교론』을 살펴보면 공해 대사가 밀교를 명확히 하기 위해 현교와의 비교라는 방법을 선택했음을 알 수 있습니다.

공해 대사가 「현밀이교론의 교판」 속에서 무엇을 밀교라고 말하고 있는지 그 요지를 파악하여 다섯 가지로 들어보겠습니다.

(1) 능설能說의 불신佛身

첫째로 가르침을 설한 능설의 부처님에 대한 차이를 지적하고 있습니다. 부처님이 설한[佛說] 경전 가운데 현교는 보신報身과 응신應身의 부처님이 설한 것이고, 밀교는 법신法身의 부처님이 설했다는 것입니다.

이해하기 어려울지 모르지만, 인도의 대승불교에서는 부처님에 삼신(三身:법신 · 보신 · 응신)이 있다고 설하고 있습니다. 법신dharma-kaya이 가장 근원적인 부처님이고 다음이 보신vipaka-kaya이고 응신nirmana-kaya의 순서입니다. 구체적으로는 응신을 변화신變化身, 또는 응화신應化身이라 하는데, 이는 석가모니 부처님을 말합니다. 그리고 보신은 수행하여 부처가 된 부처님인데 아미타여래나 약사여래 등 대승불교의 제불을 가리키고 있습니다. 석가모니 부처님은 역사적인 부처님이지만, 초기 대승불교부터 제불 신앙이 대두됩니다. 이때 대두되는 부처님들을 보신의 부처님이라고 합니다. 그런데 그 두 부처님, 즉 보신불과 응신불의 가장 근저에 있는 부처님 그 자체를 「법신」이라고 합니다.

이처럼 부처님의 삼신설에서 현교는 보신·응신의 부처님이 상대의 근기(이해력)에 따라 이해하기 쉽게 설한 가르침이라고 공해 대사는 보았습니다. 그것에 대하여 밀교의 경우는 법신인 대일여래가 자내증의 경지[깨달음의 내용 그 자체]를 설한 심원하고 심비深秘한 가르침이며, 그 가르침이 동시에 다른 사람들을 이끌고 교화할 수도 있는 것 그것이 밀교라고 합니다. 즉 법신이 설법한 가르침이 밀교입니다.

대승불교에서의 법신은 부처님 그 자체로서 구체적인 설법 등의 활동을 하지 않음에 비하여, 밀교에서의 법신은「대일여래」라고 하는 새로운 불타관을 내세우면서 그 법신 대일여래가 설한 것이 밀교라고 합니다. 따라서 현교와 밀교는 첫째 그 능설의 불신佛身에 차이가 있음을 알 수 있습니다.

(2) 소설所說의 교법

두 번째의 차이는 가르치신[所說] 교법, 즉 설해진 가르침의 내용에 대한 차이를 들고 있습니다.

현교의 가르침은 인분因分의 가르침이라고 하여 「인분가설」因分可說의 태도를 보이고 있습니다. 인因이라고 하는 것은 깨달음에 이르는 수행의 단계, 수행의 과정입니다. 그러므로 미혹한 사람에 대하여 이러이러한 수행을 하라든가 또는 수행이 조금씩 나아지면 이번에는 이 수행을 하라는 식으로 수행의 과정을 설명하고 있는 가르침입니다. 그것을 「권假의 방편[수단]」이라고 하는데 이처럼 이해하기 쉬운 수행의 방법을 설한 것이 현교의 내용입니다.

거기에 대하여 밀교는 「과분가설」果分可說이라고 하여 깨달음의 내용, 깨달음의 경지 그 자체를 설하고 있습니다. 그것을 자내증의 법이라고도 합니다. 법신의 깨달음의 경계 그 자체를 설한다는 의미이고, 이것이야말로 진실, 심비深秘한 가르침이라고 공해 대사는 이해했습니다. 밀교는 설해진 가르침의 내용도 매우 깊이가 있다고 해석한 것입니다. 여기에서 밀교의 심비성深秘性 또는 신비성神秘性이라고 하는 의미를 생각할 수 있습니다.

(3) 수행의 방법

수행의 실제 방법에 있어서 현교는 기본적으로 대승 보살의 「육바라밀의 수행」입니다. 이것은 『반야경』에서 시작되어 대승불교에서 널리 실천되고 있는 보시 · 지계 · 인욕 · 정진 · 선정 · 지혜의 여섯 가지 피안에 이르는 수행으로써 육바라밀이라고 합니다.

밀교에서는 「삼밀가지三密加持의 수행」이라고 하는 독특한 수행이 있습니다. 뒤에 다시 언급하겠지만, 요컨대 삼밀가지란 부처님과 내가 하나가 되고 가지감응加持感應 하여 부처님이 내게 들어오고 내가 부처님에게 들어가서入我我入 일체一體가 되는 수행 방법입니다.

그밖에 밀교에서는 수법과 관법을 중시하여 아자관阿字觀 · 월륜관月輪觀 등 밀교적인 수행 방법이 있습니다. 이 처럼 밀교에는 현교에서 설해지지 않은 새로운 밀교적 수행 방법이 있다는 것이 특징입니다.

(4) 성불의 빠르고 더딤

성불의 빠르고 더딤에 대해서 현교의 가르침에는 무한히 긴 시간 동안 수행을 하여 비로소 성불한다고 하는

「삼겁성불三劫成佛」을 주장합니다. 겁kalpa은 셀 수 없는 긴 시간, 무한히 긴 시간을 의미합니다. 이렇게 셀 수 없을 정도로 매우 긴 세월에 걸쳐 수행한다는 것은 결국 이 세상[現生]에서 수행하더라도 바로 붓다가 되지 않는다는 것입니다. 요컨대 수행은 쉬운 것이 아니므로 보살행은 꾸준히 실천하지만 이 세상에 살아 있는 동안에 최종 목적인 성불에 이른다는 것은 불가능하다고 합니다.

이에 비해 밀교는 성불에 긴 시간이 걸리지 않고 이 몸 그대로 이 세상에 살아 있는 동안에 깨달아 성불하는 것이 가능하다고 설하는데 그것을 「즉신성불即身成佛」이라고 합니다.

성불成佛을 둘러싸고 「삼겁성불」이냐 「즉신성불」이냐 하는 성불의 빠르고 더딤에 대한 문제는 현밀차별의 사상 가운데서도 가장 중요한 문제입니다. 특히 즉신성불에 대해서는 깨달음에 이르는 가장 빠른 지름길임을 혜과 아사리에게서 배우고 공해 대사가 귀국 후 바로 쓴 『청래목록』에도 '현교는 「삼겁성불」을 설하지만 밀교는 「즉신성불」을 설한다'는 것을 강조하고 있습니다.

그리고 홍인 6년 무렵에 『변현밀이교론』을 저술하고

거기에서 『대일경』과 『금강정경』에 있는 현생에 바로 성불한다는 증문證文과 용맹龍猛보살이 지은 『보리심론菩提心論』에 「보리심을 일으키고 보리심계를 지키고 삼마지三摩地定에 들면 부처님과 일체가 되어 부모에게서 태어난 육신 그대로 속히 부처님의 경지를 증득할 수가 있다」라고 한 것에 근거하여 즉신성불이라는 말이 비로소 나오게 됩니다.

거기에 설해져 있는 사상만으로는 즉신성불 사상이 충분히 해명되었다고 할 수는 없습니다. 그래서 공해 대사는 그 후 『삼매야계서三昧耶戒序』와 『즉신성불의即身成佛義』 등을 저술하여 즉신성불하는 가능성의 원리와 실천 방법에 대해서 구체적으로 정립하였습니다.

그 요지를 살펴보면, 사람들에게는 본래 청정한 깨달음의 마음[淨菩提心]이 있으므로 그 보리심이 있는 것을 잊지 않고 항상 자각하여 일상생활 속에서 마음의 움직임과 몸의 동작, 언행을 모두 올바르게 하고[十善戒] 또한 손으로 부처님의 무드라[印]를 맺고 입으로 부처님의 진실한 말씀인 진언을 외우고 마음을 삼매의 경지에 두어 부처님과 일체가 되는 수행[삼밀가지의 행]을 하면, 부처님의 자비심이 수행자의 마음속에 비치고 불심을 체득하여 부처님과 일체━體가 됩니다. 이것을 두고 「삼밀가지하면 속히 성불한다」고 설하고 있습니다.

(5) 교익敎益의 우열

마지막으로 교익의 뛰어남과 열등함[勝劣]을 들고 있습니다. 교익이라는 것은 불교에서는 이익이라고도 합니다. 교익의 승열이란 가르침의 이익이나 감화력 등의 효과가 우수한가 그렇지 못한가 하는 차이를 말합니다.

현교에도 교익에 대하여 훌륭하게 설해져 있지만, 극악한 사람이나 불성이 없는[無佛性] 사람4) 등 어떻게도 손을 쓸 수 없는 사람까지를 구한다는 것은 쉽지 않다고 하는, 즉 구제나 교화에 한계가 있다는 것을 말하고 있습니다.

밀교는 어떠한 악인이라도, 죄가 깊은 사람이라도 모두 포용하고 구제할 힘을 가지고 있는 가르침이라고 합니다. 밀교의 문헌 속에는 이러한 사실을 자주 강조하고

----

4) 일천제一闡提 : icchantika. 단선근斷善根 · 신불구족信不具足 · 극욕極欲 등으로 번역하며, 성불成佛하는 원인을 갖지 못한 이를 말함. - 譯註

있습니다. 예를 들면 다라니신앙에 마지막 부분을 보면 다라니의 공덕[이익]이 쓰여 있습니다. 이 다라니를 외우면 무엇이든지 구해지는 것으로 쓰여 있으므로 그것을 믿는 한 그 공덕은 엄청난 것이고 틀림이 없습니다. 교익의 승열이라는 것도 이런 것에서 나오는 게 아닌가 싶습니다.

공해 대사는 현교와 밀교를 끝까지 알고 비교하여 그 결론으로서 자신이 지금 보급하고 있는 진언종, 즉 이러한 특징을 가지고 있는 진언밀교를 보급해야 한다고 생각했습니다. 그 한 가지 방법론으로 당시 유행한 교판사상을 도입하여 한 종파의 독립을 선언했습니다.

공해 대사는 만년에 이르기까지 여러 가지 저술 속에서 현교와 밀교의 차이를 기회 있을 때마다 강조하고 있습니다. 그것을 보면 현교와 밀교의 차이라는 것을 통하여 밀교의 우월성과 밀교를 보급하고자 하는 공해 대사의 태도가 전 생애를 통해 일관되었음을 알 수 있습니다.

제3.

십주심十住心의 사상

1. 십주심 사상의 구성

(1) 열 가지의 주심住心

공해 대사는 「십주심」이라는 사상으로 밀교의 특징을
밝히고자 했습니다. 이것을 공해 대사의 「십주심 사상」
이라고 합니다. 주심住心 사상은 이미 공해 대사가 가장
존중했던 『대일경』에 있습니다.

『대일경』의 제1장이 「주심품住心品」인데, 공해 대사는
「주심품」에 주목하며 사상적 영향을 매우 크게 받았습니
다. 『대일경』「주심품」에는 미혹한 사람이 보리심을 일으

켜 최후에 밀교의 신앙에 들어가는 과정을 묘사하고 있습니다. 그것을 공해 대사는 당시의 사상계 또는 불교계에 적용해 헤이안 초기에 현대적인 사상 문제로써 일상적인 우리들의 마음이 차제로 향상하여 본래 마음의 자태를 찾아 가는 과정을 열 단계로 나눈 것이 십주심 사상입니다. 공해 대사의 근본적인 사유의 체계로 한다면 열 가지로 한정시키지 않아도 좋고 좀 더 수를 늘려도 좋습니다. 결국 어떠한 사상이라도 그 시대의 사상이나 주장을 문제로 삼고 비교 사상론적인 정리를 하면서 특정 사상을 명확히 하여 그중 어느 것이 가장 좋은가 하는 방향성을 세우는 것이 비교 사상연구의 학문하는 방식입니다.

　공해 대사가 24세 때 쓴 것으로 일종의 출가선언서로 말하는 『삼교지귀』가 있습니다. 『삼교지귀』는 유교·도교·불교에 대한 비교 사상론의 책입니다. 공해 대사는 유학을 공부하고 도교도 공부했습니다. 그러나 유교와 도교 사상을 불교 사상의 깊이에 견줄 수 없습니다. 인생을 깊이 궁구하기 위한 가장 뛰어난 사상과 행동은 불교에 있음을 말한 것이 『삼교지귀』입니다. 『삼교지귀』는 방법론적으로 보았을 때 비교 사상론적인 연구서가 틀림없습니다.

공해 대사가 젊은 시절에 익혔던 비교 사상론적인 방법론이 만년에 쓰인 십주심의 사상에도 적용된다고 봅니다. 십주심의 사상을 쓴 것이 『비밀만다라십주심론秘密曼茶羅十住心論』(10권)과 『비장보약秘藏寶鑰』(3권)입니다. 이것은 천장 7년경(830), 공해 대사 만년의 대표적인 저술이었으며, 「육본종서六本宗書」의 하나였습니다.

쥰나 천왕淳和天王이 당시 불교의 여러 종파 속에 가장 뛰어난 학자에게 여러 종파의 사상을 써서 제출하라고 하는 칙명에 의해 제출된 책을 「천장의 육본종서」라고 합니다. 여섯 명이 제각기 자신의 종파 사상을 정리하여 제출하였으며, 진언종은 공해 대사가 써낸 것으로, 서문에 그 사실을 밝히고 있습니다. 공해 대사가 가장 심혈을 기울여 쓴 것이 바로 이 책입니다. 진언종에서는 10권 본을 광본廣論이라 하고 3권 본을 약본略論이라 하는데 내용상으로는 모두 십주심에 대한 것입니다.

「십주심」이란 제1 이생저양주심異生羝羊住心 제2 우동지재주심愚童持齋住心 제3 영동무외주심嬰童無畏住心 제4 유온무

아주심唯蘊無我住心 제5 발업인종주심拔業因種住心 제6 타연대
승주심他緣大乘住心 제7 각심불생주심覺心不生住心 제8 일도무
위주심一道無爲住心 제9 극무자성주심極無自性住心 제10 비밀
장엄주심秘密莊嚴住心입니다. 제10의 비밀장엄주심이 밀교
의 수행을 완성한 사람의 주심住心으로 자못 밀교적인 말
입니다.

① 이생저양주심異生羝羊住心

첫째, 「이생저양주심」이라는 말은 『대일경에 나오는
말입니다. 「이생異生」이란 범부라는 말과 같이 「미혹한
사람」이라는 의미이고, 「저양羝羊」이라는 것은 숫양을 말
합니다. 결국 동물과 같이 동물적인 욕망 그대로 살고
미혹에 미혹을 거듭하고 있는 사람, 종교나 도덕에 대한
인식이 전혀 없는 사람이라는 의미입니다. 인간성이 최
저인 사람들이 꽤 있다고 하는 것은, 공해 대사의 두 가
지 저술을 읽어 보면 놀랍게도 오늘날 우리 사회에 혼란
에 혼란을 거듭하고 있는 양상을 그대로 나타내고 있는
표현 방법입니다.

헤이안 초기의 사회도 역시 혼란스러웠다는 것을 생

각하게 하는 문장입니다. 거기에는 도덕도 종교도 없고 사람이 마치 동물적인 욕망 그대로 노닥거리고 물건을 빼앗고 사람을 죽이고 도무지 어떻게 구제할 수 없는 인간들의 집단이라고 쓰고 있습니다. 공해 대사는 이러한 인간의 가장 낮고 저열한 밑바닥의 정신생활을 참으로 잘 묘사하고 있습니다. 그것이 「이생저양주심」입니다.

② 우동지재주심愚童持齋住心

둘째는 「우동지재주심」으로 우동愚童이란 어린아이처럼 그다지 지혜가 발달하지 못한 사람이라는 의미입니다. 지재심持齋心은 불교의 용어입니다. 인도의 재가 신자는 한 달 중에 6일간은 음식을 먹지 않고 절약하여 그 몫을 가난한 사람들에게 나누어 주는데 그것을 지재持齋라고 합니다. 지재심이란 자기가 먹을 음식을 줄여서라도 가난한 이웃에게 베푸는[布施] 마음을 의미합니다.

공해 대사는 여기에서 도덕적으로 눈을 뜬 사람의 모습을 여러 가지로 묘사하고 있습니다. 나쁜 사람이 마음을 고쳐먹고 부모에게 효도하여 후세에 이름을 남길 정도의 착한 사람이 된 중국의 실례를 들고 있는 것이 두 번째의 마음입니다. 불교적으로 말한다면 5계 10선을 잘 지키고 있는 사람입니다. 5계와 10선을 지킨다는 것은 훌륭한 일입니다. 첫 번째의「이생저양심」에서 전혀 구제할 수 없던 사람이라도 언제까지나 구제할 수 없는 불가능의 존재가 아니고 두 번째의 방향으로 나아갈 수 있음을 매우 강조하고 있습니다. 두 번째의「우동지재심」의 문장도 매우 격조 높고 첫머리의 몇 줄만 읽어봐도 대단한 문장인 것을 느낄 수 있습니다.

③ 영동무외주심嬰童無畏住心

셋째,「영동무외주심」의 영동嬰童은 갓난아기라는 뜻이고 무외無畏라고 하는 것은 두려움이 없고 마음이 평온함을 말합니다. 이것은 인도의 여러 가지 종교[天乘]의 사람들이 수행하고 신앙하여 마음의 평온을 얻는 것을 말합니다. 인도의 여러 가지 종교의 신앙이나 중국의 도교, 그 밖의 신앙에서도 일시적인 평안은 얻을 수 있으므로, 마치 갓난아기가 어머니의 품에 안겨서 편안해하고 있는 것과 같다고 하였습니다.

④ 유온무아주심唯蘊無我住心

제4주심에서 제10주심까지는 불교적 신앙의 여러 가지 양상을 얕은 곳에서 깊은 곳으로 구분합니다. 먼저 네 번째의 「유온무아주심」이라는 것은 현상계의 모든 개체적 존재는 오온五蘊이 가화합하여 존재하는 것이어서 거기에 고정적인 자아自我는 인정될 수 없다는 사상입니다. 불교에서는 몸을 색色;rupa이라 하고 마음의 활동을 분석하여 수(受;vedana;감수작용)·상(想;samjna;표상작용)·행(行;samskara;의지작용)·식(識;vijnana;의식작용)의 네 가지로 하여 이 다섯 가지가 일시적으로 화합하고 있으므로 이것을 오온panca-skandha이라고 합니다. 인간은 몸과 마음으로 이루어져 있으나 거기에 변하지 않는 고정적인 자아[常·一·主宰性을 띠는 것]는 없으므로 무아無我;anatman라고 합니다. 이 유온무아를 자각하고 있는 것은 성문승聲聞乘;śrāvaka-yānā의 마음입니다.

⑤ 발업인종주심拔業因種住心

다섯째, 「발업인종주심」은 연각승緣覺乘;pratyekabuddha-yānā의 주심으로 12인연을 관찰하여 무명과 업의 종자[因]를 제거하고, 괴로움을 소멸하여 적멸의 평안을 실증實證하는 경지를 말합니다.

이상의 두 가지 주심은 불교 가운데 성문과 연각의 주심이지만 구체적으로 초기불교에서 부파불교 시대의 불교사상과 수행법을 실천하고 있는 사람들의 심리상태를 가리키고 있습니다. 성문이란 부처님의 가르침을 직접 듣고 수행하여 번뇌를 모두 끊어서 아라한阿羅漢의 지위까지 나아가기를 목적으로 하는 사람들입니다.

또한 연각은 스승에게 의지하지 않고 12인연, 제법연기諸法緣起라고 하는 연기관緣起觀을 홀로 조용한 곳에서 수행하여 깨달음을 얻은 이로 적정한 고독을 좋아할 뿐 아무에게도 설법 교화하지 않으며 그 결과를 혼자서 누리려 하는 사람들을 가리킵니다. 그래서 이 성문과 연각인들은 대승의 보살승에 비하면 이타적인 대비심이 없는 것입니다.

⑥ 타연대승주심他緣大乘住心

여섯째, 「타연대승주심」은 특정한 사람들에 대해서만이 아니고 모든 사람에게 차별 없이 평등하게 자비심을 일으키고 이타利他의 행을 하는 마음입니다. 이것은 대승 불교에 공통적인 특색이기도 하지만, 여기서는 일체 사물은 환상과 그림자와 같이 실체가 없고 다만 마음의 움직임만이 존재한다고 하는 유식唯識의 태도를 보이는 법상종法相宗의 가르침을 배워 깨달음으로 향하는 사람들의 마음이라고 합니다.

⑦ 각심불생주심覺心不生住心

일곱째, 「각심불생주심」은 일체 사물의 본성은 상대를 떠난 공空sunya, 즉 불생불멸이라고 깨닫는 마음을 말합니다. 색즉시공 공즉시색의 반야공관과 팔부중도八不中道를 설한 중관사상中觀思想 즉 삼론종三論宗의 가르침을 배우고 수행하는 사람들의 마음을 말합니다.

⑧ 일도무위주심一道無爲住心

여덟째, 「일도무위주심」은 일도一道 즉 일불승一佛乘에 의해서 진여무위眞如無爲를 깨닫는 마음을 의미하는데 때로는 여실일도심如實一道心, 여실지자심如實知自心, 공성무경심空性無境心이라고도 합니다. 요컨대 모든 사람에게 불성이 있고 심성은 청정하며 모든 사물도 대립을 떠난 본래 측면에서 보면 하나요 청정이며 자기와 남의 구별도 없다고 자각하는 마음을 말합니다. 이 주심은 천태종의 가르침을 배우고 수행하여 깨달음을 얻는 사람들의 마음입니다.

⑨ 극무자성주심極無自性住心

아홉째, 「극무자성주심」은 일체 사물은 고정된 성질을 갖지 않는다고 하는 일체법의 무자성無自性의 원리와 법칙을 통달한 마음을 의미합니다. 이 주심은 화엄종의 가르침을 배우고 수행하는 사람들의 마음이라고 합니다.

제6주심부터 제9주심까지는 차례대로 법상종·삼론종·천태종·화엄종의 주심이고, 거기에 교판적인 구별이 되어 있는 것인데 밀교적인 측면에서 보면 그것은 순차적으로 미륵보살·문수보살·관세음보살·보현보살의 삼매이고 함께 대일여래의 보문총덕普門總德을 부분적으로 나타낸 것이라고도 생각할 수 있습니다.

⑩ 비밀장엄주심祕密莊嚴住心

마지막의 「비밀장엄주심」은 부처님의 신·구·의 삼밀三密을 가지고 부처님의 자증自證=깨달음의 극위[최고위]를 장엄하는 마음이라는 의미입니다. 다시 말하면 자심의 근원적인 자리를 깨달은 마음 또는 자신의 마음을 있는 그대로 아는 마음[如實知自心]으로 일체의 것에 본래 갖추어져 있는 가치에 눈 뜨고 세계의 진실한 모습을 깨닫는 가장 궁극적인 경지입니다. 이것은 진언종의 가르침을 배워 수행을 완성했을 때 도달하는 마음입니다. 또한 만다라에 완전히 합일된 마음 또는 마음의 만다라[心曼茶羅]라고도 합니다. 그리고 현교는 표면적으로 티끌을 털어버리는 정도에 불과하지만 밀교는 깨달음[成佛] 그 자체에 직접 부딪혀서 그 비밀의 장藏을 여는 것이므로 이 비밀장엄주심이야말로 최고의 주심이고 앞의 아홉 가지 주심은 제10주심에 도달해가는 과정이라고 말하기도 합니다.

이 열 가지 주심住心을 좀 더 이해하기 쉽게 도표로 정리해 보면 다음과 같습니다.

비밀만다라십주심

제1주심	이생저양심	삼악도	조금도 선심이 없는 자리	윤리이전의 세계			
제2주심	우동지재심	인승	오계 · 십선을 지키는 자리	윤리적 세계		세간도	
제3주심	영동무외심	천승	4선, 6행을 닦는 자리	종교심의 자각			
제4주심	유온무아심	성문승	사성제를 관하는 자리	무아를 앎	소승 이승		
제5주심	발업인종심	연각승	12인연을 관하는 자리	자기자신의 무지를 제거			현교
제6주심	타연대승심	법상종	만법유식을 관하는 자리	사람들의 고뇌를 구제함	권대승 삼승		
제7주심	각심불생심	삼론종	팔부중도를 관하는 자리	일체는 공이다			
제8주심	일도무위심	천태종	일념삼천, 지경불이를 관하는 자리	모두가 진실이다	실대승 일승		
제9주심	극무자성심	화엄종	사사무애법계를 관하는 자리	대립을 초월한다			
제10주심	비밀장엄주심	진언종	삼밀묘행을 닦아 즉신성불하는 자리	무한의 전개	비밀 불승		밀교

(2) 구현일밀九顯-密과 구현십밀九顯十密

제1주심부터 제10주심까지 열거하고 1에서 9까지를 「현교」라고 하고 제10만을 「밀교」라고 하였습니다. 크게 현교와 밀교로 구분한 것이므로 십주심의 사상은 「구현일밀」의 사상이라고 볼 수 있습니다. 그러나 그것만이 아니고 1에서 10까지는 결국 보리심의 전개를 나타내는 것이기 때문에 모든 마음의 상태가 그대로 밀교 아님이 없습니다. 그것을 「구현십밀」이라고 합니다. 이 두 가지 의미에서 밀교가 지닌 포섭과 융화의 사상 그리고 현실 긍정의 철저한 형태를 십주심 사상은 가지고 있음을 알 수 있습니다.

십주심 사상은 교판 사상만이 아니고 결국 보리심의 전개와 그 위치 그 사상 체계로서의 주심 사상입니다. 『대일경』의 「주심품」에 보리심의 전개라고 하는 의미가 포함되어 있으므로 공해 대사도 십주심을 설하면서 9현 1밀보다도 9현 10밀의 사상을 강조합니다.

2. 십주심사상의 특징

십주심사상의 장점에 대해 간략하게 정리해 보겠습니다.

(1) 인간 마음의 여러 가지 모습

십주심 가운데 제1에서 제3까지는 「세간의 주심住心」이라 하고 제4와 제5의 주심은 「성문승의 주심」 그리고 제6에서 제9까지는 사가四家의 「대승의 주심」, 제10이 「밀교의 주심」입니다.

십주심의 사상은 사람들 마음의 여러 가지 모습들을 나타내고 있는 것입니다. 제1주심, 제2주심, 제10주심의 세 가지로 구성하여 생각해 보는 것도 중요합니다. 결국 제1주심의 도덕적인 관념은 전혀 없이 욕망에 휘둘려 사는 인간의 마음, 제2주심과 같이 도덕적으로는 어느 정도 눈을 뜨고 있지만 종교로써는 불교의 깊은 신앙에까지는 미치지 못하고 있는 사람, 제10주심은 불교 특히 진언밀교의 깊은 신앙을 획득하여 진실한 삶을 살아가는 사람의 마음입니다.

우리 마음의 여러 가지 모습으로써 십주심 사상을 생

각하면 내 자신의 정신생활도 1에서 2로, 2에서 10으로 왔다 갔다 하는 것에 지나지 않는 것 같습니다.

제1 주심의 부분을 읽어 보면 인간의 죄악이라고 하는 것이 자세히 표현되어 있는데, 제2 주심이 되면 어렴풋이 구원되는 것처럼 느껴집니다. 겨울의 마른 숲도 언제까지나 마른 숲이 아니고 봄이 되면 싹이 트고 꽃이 피듯이, 깊은 산의 얼음도 언제까지나 얼음으로 있는 것이 아니고 여름이 되면 얼음이 녹아 시원한 물이 되어 흘러가는 것처럼 인간도 언제까지나 악恶인 것이 아니고 어떤 동기가 있으면 반드시 마음이 선으로 향하여 구원된다고 합니다.

오늘날 우리들의 처지에서는 1과 2와 10을 한데 묶어서 그 속에서 밀교적인 신앙을 어떻게 형성하고 살릴 것인가를 생각해 보는 것도 중요하다 하겠습니다.

(2) 비교 사상론적 고찰

여러 가지 사상과 종교를 구조론적으로 고찰해 보는 일 그리고 그것을 비교하는 것도 필요합니다.

이것은 헤이안 초기의 공해 대사의 방법론이기도 하

지만 오늘날에도 그러한 방법론은 당연히 없어서는 안
될 부분입니다.

(3) 마음의 만다라

마지막으로 비밀장엄주심의 핵심은 대체 무엇이며 어
떤 마음인가 하는 문제입니다. 『십주심론』과 『비장보약』
의 마지막 부분을 읽어 보면 거기에는 역시 「즉신성불한
때의 마음이 곧 비밀장엄주심」이라고 설명하고 있습니
다. 공해 대사는 그것을 「마음의 만다라」 또는 「자심불自
心佛」이라는 표현을 하고 있습니다. 「마음의 만다라」라든
가 「자심불」이라는 생각은 언제나 공해 대사의 사상에
근저를 이루는 것이라고 봅니다. 공해 대사의 사상에서
는 그러한 「인간 마음의 깊이」라고 하는 것을 항상 강조
하고 있을 뿐만 아니라 밀교가 목표하는 것도 바로 그곳
에 있는 것으로 생각합니다. 이처럼 공해 대사는 밀교의
진실을 밝히고 진언종을 보급하기 위해서는 밀교의 장
점과 우수성·우월성을 명확히 해야 했고, 그렇게 하기
위한 방법론으로써 「현밀이교론」 및 「십주심」 사상을 말
하고 있습니다.

제4.

밀교의 불타관

불타관(佛陀觀)이라는 것은 진언종 또는 진언밀교에서 어떠한 부처님을 신앙하고 예배하는가 하는 문제입니다. 이러한 문제는 다른 종파에서는 어떠한 부처님을 예배하는가 하는 문제와도 관련 있습니다. 기독교나 이슬람교 등 여러 종교에서는 어떠한 것을 신앙의 대상으로 하느냐고 묻는 것과 같습니다. 종교의 기본적인 구조 속에는 반드시 신앙의 대상에 대한 문제가 있습니다. 그런 의미에서 밀교에서는 신앙의 대상을 어떻게 생각하고 어떻게 신앙하는가 하는 문제는, 종교의 주요한 주제의 하나로써 충분히 고찰하지 않으면 안 되는 문제입니다.

같은 불교의 흐름 속에서도 진언밀교의 불타관이 가장 복잡합니다. 단지 신앙하기만 하면 되는 것이 아니고 신앙의 대상이 매우 다양하기 때문에 그 의미하는 바도 깊고 다양하다고 말할 수 있습니다. 특히 밀교의 미술 또는 밀교의 예술로써 불상 등을 그리거나 만들기도 하는데 단 거기에도 밀교의 불타관을 배경으로 할 때 비로소 밀교미술로 충분히 가치를 가지게 되는 것이라고 봅니다. 그런 점에서도 밀교의 불타관에 대한 고찰은 매우 중요합니다. 먼저 전체적으로 진언밀교의 불타관을 이해하고 난 뒤에 부분적인 문제를 살펴보도록 하겠습니다.

1. 총설

(1) 석가모니불에서 제불 · 제보살로

대승불교라는 커다란 불교의 흐름이 있고 거기에 많은 불보살에 대한 다양한 신앙이 나타납니다. 불타관의 발달 · 변천이라고 하는 문제는 불교 연구의 범위에서는 매우 중요한 부분입니다.

석가모니 부처님은 무사독오無師獨悟, 스승 없이 홀로 깨달음을 완성하고 붓다가 되었습니다. 브라만교 등에서는 여러 신들이 존재하지만, 석가모니 부처님은 그런 신들을 숭배하지 않았습니다. 그러므로 「붓다[Buddha佛陀]」라고 하는 것은 석가모니 부처님 자신이 자신을 가리켜 '나는 붓다가 되었다' 라고 선언하였습니다. 그리고 많은 제자와 신자를 두어 새로운 불교 교단을 형성하고 발전시켰습니다. 이것이 석가모니 부처님의 일대一代였다고 생각합니다.

그런데 석가모니 부처님이 입멸하신 뒤 최소한 석가모니 부처님으로부터 설법을 들은 제자나 신자들이 생존해 있는 동안까지는 부처님에 대한 순수한 신앙이 유지되었으나, 더 후대가 되면 석가모니 부처님을 단지 인간 붓다로서만이 아니라 초인간적인 붓다로 생각하고 그 석가모니 부처님 한 분을 숭배의 대상으로 하기에 이릅니다. 초기에는 불상이 없었고 간다라 지방에서 비로소 불상이 등장합니다. 그 이전에는 스투파[불탑]를 세우고 그 속에 불사리[靈骨]를 모셔서 숭배하는 불탑 신앙이 있었습니다. 그 뿐만 아니라 보리수 아래에서 석가모니 부처님이 깨달음을 얻었기 때문에 보리수bodhi tree를 조각하거나 그려서 그것을 숭배하는 보리수 숭배가 있었는데, 지금도 여러 곳에 그 조각 작품이 남아 있습니다.

또 한 가지는 「법륜 숭배」라고 하여 법륜을 숭배하는 것이 있습니다. 전법륜轉法輪이란 석가모니 부처님이 법을 설했다는 것인데, 그 가르침法;dharma을 상징하는 법륜dharma cakra을 만들어 그것을 숭배하였습니다. 이 세 가지 형식이 오래도록 계속되었습니다.

그런데 기원 1~2세기 무렵 간다라 지방에 그리스[희랍]의 장인들이 그리스의 조각 기술로 불상을 조각하게 되었습니다. 거기서 비로소 불상이 등장하게 된 것입니다. 간다라의 불상은 대부분이 석가모니 부처님의 불상입니다.

석가모니불을 여러 가지 모습으로 조각하고 있는데 그 무렵에는 아직 불타관이 발전하지 않았습니다.

그러나 대승불교, 이른바 초기 대승에서 중기 대승불교 시대가 되면 삼세 시방[三世十方]의 제불·제보살이라는 식으로 갑자기 불세계가 꽃핀 것처럼 전개됩니다. 이것은 참으로 불가사의한 일이었습니다. 처음에는 석가모니 부처님 한 부처님의 신앙이어서 석가모니 부처님만이 있었던 것인데 후세 사람들은 그것만으로는 만족할 수 없었던지 대승불교가 되면 동방의 아촉불, 서방의 아미타불 이런 식으로 사방[四方] 또는 시방[十方] - 네 간방과 상하 모든 곳에도 부처님이 계신다고 하였습니다.

요컨대 보편적이고 영원한 것, 변하지 않는 것, 시간과 공간을 초월한 부처님을 신앙하게 되었습니다. 초기 대승불교에서 중기 대승불교의 경전들을 보면 삼세 시방의 제불·제보살이라고 하는 신앙의 대상이 계속해서 등장하고 있습니다.

(2) 통일적인 불타관의 성립

이러한 큰 변화가 있고 난 뒤에 밀교의 시대가 온 것입니다. 그러므로 밀교는 초기에서 중기 대승불교까지의 여러 불보살의 갖가지 신앙을 그대로 받아들였습니다. 부처님의 명호도 대승불교와 거의 같은 것을 많이 받아들이다가 밀교 시대가 되어 비로소 「대일여래」라는 근본적인 부처님에 대한 신앙이 나타나게 됩니다.[5]

또한 명왕明王과 같은 시대적인 특수한 부처님도 계속해서 출현하게 되었습니다. 그뿐만 아니라 부처님에 있어서도 매우 특수한 부처님인 법신 마하비로자나불인

....

5) 대일여래大日如來라는 이름은 범어 「마하바이로짜나-따타가따」mahavairocana-tathagata의 의역意譯이다. 「마하바이로짜나」는 경전에서 「마하비로자나」로 음역, 「대비로자나」의 번역이라고도 하는데, 「마하」는 크다, 즉 단순히 물리적으로 큰 것을 말하는 것이 아니고, 상대를 초월한 절대를 나타내는 「대大」의 뜻이고, 「바이로짜나」는 「빛의 찬란함」 또는 「그 비추는 힘」 「널리 비추는 것」이라는 뜻이 있다. 현교 경전에서는 비로자나불 혹은 노사나불盧舍那佛이라는 이름으로 불리며, 밀교에서는 일반적으로 대일여래 - 큰 빛의 부처, 위대한 태양과 같은 부처 - 라고 하는데 어원은 같다. 『대일경소』 제1권에 대일여래의 특성을 제암편명除暗遍明=대일여래의 보편적인 성격, 능성중무能成衆務=대일여래의 자비 활동, 광무생멸光無生滅=대일여래가 나타낸 진리의 영원 불멸성의 세 가지를 들고 있다. 대일여래는 밀교에서 갑자기 등장한, 석가모니 부처님과 전혀 별개의 부처님이 아니다. 역사적인 인물로서의 석가모니불보다 그 배후에 있는 진리, 석가모니불의 깨달음을 성립시킨 진리dharma;法 그 자체를 중시하여 「진리를 몸으로 삼는 부처法身佛」, 즉 대일여래라고 이름한 것이다. 그러므로 대일여래는 역사상으로 실재한 부처님인 석가모니불의 무한한 발전의 형태이고 그 후계자인 성격을 갖고 있으며, 한편으로 우주의 진리, 우주적 원리가 인격화된 법신으로서 그 속에 절대적 통일 원리의 인격화와 그 무한한 구상화 - 보편성과 영원성 그리고 활동성을 겸비하고 있는 부처님이다. - 譯註

대일여래를 각각 다른 각도에서 비춰 본 여러 부처님이 등장하게 됩니다. 밀교에서 계속해서 새로운 부처님이 탄생했다고 하는 것이 바른 표현일지도 모르겠습니다. 그것이 이른바 밀교의 부처님들입니다.

이상을 요약해 보면, 초기 불교의 석가모니불 일불一佛 신앙과 대승불교의 삼세 시방의 불타관을 받아들이면서 거기에 밀교 시대의 특이한 불타관을 발전시켰습니다. 이른바 그들 전체를 포함하면서, 그 전체를 통일하는 부처님을 생각하게 되었습니다. 그것이 바로 법신 대일여래이고, 그 대일여래가 여러 부처님으로 나타난다고 생각하는 통일적인 불타관이 성립하였습니다. 이것은『대일경』이나『금강정경』에 나타난 불타관의 입장입니다.

진보된 밀교 불타관의 입장에서는 제불은 바로 대일여래의 현현이라고 말하는데 그것은 불타 신앙의 긴 역사를 그 속에 포함하고 있기 때문입니다. 그리고 이러한 기본적인 사상에 근거하여 모든 것의 절대적인 붓다, 즉 대일여래를「보문총덕普門總德의 부처님」이라 하고, 다른 제불 · 보살 · 명왕 · 천 등은「일문별덕一門別德의 부처님」으로서 위치를 정하게 됩니다.

대일여래 ──────── 보문총덕불
　　　　　　　　　　　　　　　　　　└─ 보문즉일문普門卽一門
제불·보살·명왕·천 ──── 일문별덕불

　제각기 다른 불·보살·명왕·천 등이 있어도 그것은 법신 대일여래의 덕성 한 부분을 나타내고 있다든지 또는 법신 대일여래가 그러한 특정의 모습으로 나타난 것이라고 합니다. 그리고 대일여래가 그들 제불을 통일시키고 있으므로 「보문즉일문」이라고 합니다. 또는 「일문즉보문」이라고 해도 무방합니다.

　이렇게 통일되어 있으므로 예컨대 관세음보살을 신앙한다는 것은 일문의 신앙이지만 그것이 법신 대일여래의 신앙과 모순되지 않습니다. 관세음보살의 이면에 대일여래가 뒷받침하고 있기 때문입니다.

　모든 것이 제각기 따로따로의 다른 모양이 아니고 그 이면에 공통으로 존재하는 것은 법신 대일여래입니다. 개개의 존재가 있고 그 어느 존재의 배경에도 뒷받침되고 있는 것, 절대적인 보편을 가진 존재를 대일여래라고 합니다. 그 대일여래를 배경으로 하여 개개의 부처님은 제각기 여러 가지의 서원, 중생들을 구제하고자 하는 원력으로 구원의 손길을 뻗칩니다. 이처럼 한없이 넓으면서도 그러나 정확하고 말끔하게 통일하는 통일적인 불타관이 『대일경』과 『금강정경』 등 순수 밀교라고 하는 경전 속에 나타나고 있습니다. 이러한 통일적인 불타관을 어떤 형식이나 틀 위에 나타내어 구체화한 것이 「만다라mandala」입니다. 만다라라고 하는 것은 대일여래를 중심으로 하고 제불·제보살이 하나로 통일된 것을 도식[평면적인 표현]으로 또는 조각[입체적인 표현]으로 나타내어 이해하기 쉽게 합니다. 다시 말하면 모든 부처님의 세계를 알기 쉽게 하려고 어떤 형태로 나타낸 것을 말합니다. 공해 대사의 문장을 보면 "부처님의 세계는 매우 알기 어렵다. 그러므로 도화圖畵에 의지하지 않으면 깊은 의미를 나타낼 수가 없다."(『쇼라이목록』)라고 말하고 있습니다. 만다라는 이러한 목적으로 성립하였습니다.

밀교의 불타관은 대일여래를 중심으로 하는 통일적인 불타관으로 되어 있으며, 구체적으로는 제불·보살·명왕·천 등이 제각기 커다란 서원을 가지고 중생들을 구제하기 위한 구원의 손길을 뻗치고 있습니다. 바로 거기에 밀교의 세계가 전개되고 있습니다.

2. 본존 – 구제적인 신앙의 대상

사찰에 가면 한 법당에도 예배의 대상으로 여러 부처님이 있음을 볼 수 있습니다. 그럴 때 「본존本尊」이라는 말을 사용하게 됩니다. 결국 구체적으로는 일문별덕一門別德의 부처님이 반드시 신앙의 대상으로 되고 있습니다. 그러므로 사찰에 가서 참배하게 되면 반드시 본존이 가운데 모셔져 있음을 알 수 있습니다. 또한 우리가 사찰 이름을 보거나 듣게 되면 대개 이 사찰의 본존은 어떤 부처님이시구나 하는 것을 추정할 수가 있습니다. 사찰 이름은 본존과 깊은 관계가 있습니다. 그런데 사찰을 참배해 보면 본존이 모두 다릅니다. 부처님으로는 대일여래비로자나불 · 아미타여래 · 약사여래 등이 있고 보살에서도 문수보살 · 보현보살 · 관세음보살 · 지장보살 등과 부동명왕 · 애염명왕 · 비사문천 등이 있습니다.

도대체 왜 이렇게 제각기 다른가 하면 앞에서 언급한 것처럼 진언밀교에서는 대승불교의 불보살을 모두 그대로 받아들이고 게다가 밀교 시대에 새롭게 신앙의 대상으로 등장한 것도 전부 받아들였기 때문입니다. 그래서 그들 가운데 어느 분을 본존으로 하게 되면 그 본존에 걸맞은 사찰 이름을 짓게 되므로 본존의 다양성만큼이나 사찰의 이름도 매우 수가 많고 다양합니다.

정토종에서는 모두 아미타불 일불신앙이라는 것을 명확히 하고 있습니다. 그에 비하여 밀교는 지나치게 수가 많고 폭이 넓어 망망한 느낌도 있지만, 밀교는 그 모든 불보살에는 대일여래가 배경이 되어 있다고 보는 독특한 불타관을 가지고 있습니다. 그리고 어떠한 불보살이라도 그 정신적 내용에 있어서 모두 자비와 지혜이고 그것을 제외해 버리면 불교 신앙의 대상이 될 수 없습니다. 즉 외형적인 모습이야 어떻게 변하고 바뀌든 모든 부처님은 자비의 정신, 즉 절대의 자비[대자비], 절대의 지혜[대지혜]를 가지고 있습니다. 부동존不動尊이든 관세음보살이든 형상은 바뀌어 전혀 다른 모습일지라도 그 근원을 밝힌다면 중생에 대한 지혜와 자비가 있습니다. 이것은 참으로 중요한 문제라고 생각합니다. 이러한 이유에서 본존은 어떤 사원에 가더라도 모두 다르지만, 그것은 대일여래로 통일되어 있다고 하는 통일적인 불타관을 배경으로 합니다.

3. 대일여래와 4불四佛

밀교의 중심적인 부처님을 밀교 사상적인 관점에서 말한다면 대일여래와 4불을 포함해서 5불五佛이 밀교 불타관의 핵심을 이루고 있다고 할 수 있습니다. 중앙에 대일여래 그리고 사방에 4불을 합해서 5불이라고 합니다. 5불사상의 성립과정을 살펴보면 초기 대승불교에서 중기 대승불교로 발전해 갈 무렵에 먼저 사방의 4불 사상이 성립하였습니다. 그리고 그 후에『대일경』이 성립하는 시대가 되면 대일여래가 새로운 신앙의 대상으로 나타납니다. 그 대일여래를 사방 4불의 중앙에 위치시키고, 4불은 대일여래의 화현이라고 하게 되는데, 여기에서 비로소 밀교의 5불 사상이 성립하였습니다.

밀교의 5불에는 「태장계의 5불」과 「금강계의 5불」로 나눕니다. 이것은 앞에서 잠깐 언급했듯이『금강정경』에 의한 부처님의 세계를 「금강계만다라」,『대일경』에 의한 부처님의 세계를 「태장계만다라」라고 하는 데에 근거합니다. 그래서 「금강계의 5불」에는 대일여래·아촉여래·보생여래·아미타여래·불공성취여래이고, 중앙에 대일여래, 동남서북에 차례대로 4불을 배치합니다. 「태장계의 5불」에는 중앙에 대일여래, 사방에 보당여래 · 개부화왕여래 · 무량수여래 · 천고뇌음여래를 배치합니다. 그 가운데 아미타여래는 무량수여래이고, 그것은 물론 같은 의미[amithava;無量壽 · 無量光으로 번역]이지만 그 밖의 부처님은 다소 명호가 다릅니다. 그러나 결국 같은 부처님입니다. 다만 전문적으로 말할 때는 예컨대 「불공성취여래」는 금강계의 부처님이고, 「천고뇌음여래」는 태장계의 부처님이라는 식으로 구별하는 정도입니다.

또한 부처님의 지혜로써 다섯 가지 지혜를 말합니다. 그 5지智는 법계체성지法界體性智 · 대원경지大圓鏡智 · 평등성지平等性智 · 묘관찰지妙觀察智 · 성소작지成所作智를 말합니다. 이것은 역사적으로는 유식 사상입니다. 유식에서는 대원경지 이하의 네 가지 지혜를 설하는 4지설四智說입니다. 「법계체성지」만이 밀교의 말입니다. 유식 사상의 4지에 법계체성지를 더하여 밀교의 5지 사상이 성립하였습니다. 이른바 4지설에서 5지설로 발전한 것입니다. 여기서 알 수 있듯이 밀교는 대승불교의 장점을 모두 토대로 하여 발전시켜갔습니다. 요컨대 대일여래와 4불을 중심으로 하여 5불사상이 성립한 것인데 그 5불에 5지를 배대하여 「5지 여래五智如來」라고 하게 된 것입니다.

(오지五智는 밀교에서 부처님이 갖추고 있다고 설하는 다섯 가지 청정한 지혜를 말한다. 유식 교학상의 사지四智 외에 법계체성지를 더한 오지五智는 밀교의 독자적인 교설이다. (1)**법계체성지**는 법계를 체성體性으로 하는 지혜이며, 법계의 이법理法 그 자체로서 나머지 사지四智의 근본이자 총체인데, 제9 암마라식菴摩羅識을 전환하여 얻는 지혜이다. (2)**대원경지**는 크고 둥근 거울이 물체를 있는 그대로 비추듯이 법계의 삼라만상을 있는 그대로 분명하게 비춰 보는 지혜이며, 제8 아뢰야식阿賴耶識을 전의轉依해서 얻는 지혜이다. (3)**평등성지**는 일체법의 평등성 즉 진여실상眞如實相을 요해하는 지혜이며, 제7 말나식末那識을 전의하여 얻는 지혜이다. 말나식은 아치我癡 · 아견我見 · 아만我慢 · 아애我愛 등의 네 가지 번뇌와 결합하여 차별적인 견해를 일으키지만, 이것이 전의된 경계에서는 일체의 차별적인 견해에서 벗어나 제법의 평등한 성질을 본다. (4)**묘관찰지**는 교화중생의 근기를 관찰해서 설법하고, 그들의 의혹을 끊게 하는 지혜이며, 제6 의식意識을 전의하여 얻는 지혜이다. (5)**성소작지**는 교화를 위해 행해야 할 사업事業을 성공하게 만드는 지혜이며, 전오식前五識을 전환하여 얻는 지혜이다. 이들 오지와 오불 · 오부 · 구식九識 · 오방 등의 상응 관계를 나타내면 〈표〉와 같다. – 역자 주)

五智	九識	五佛	五部	五方	五大	
法界體性智	第九食	大日如來	佛部	中	地	空
大圓鏡智	第八識	阿閦如來	金剛部	東	水	地
平等性智	第七識	寶生如來	寶部	南	火	火
妙觀察智	第六識	阿彌陀如來	連華部	西	風	水
成所作智	前五識	不空成就如來	羯磨部	北	空	風

4. 불신관佛身觀

불타관의 발달에 따라서 제불을 불신佛身이라는 관점에서 구별하는 방법이 나타납니다. 이것이 불신관의 문제입니다. 이 불신관은 일신설一身說에서 이신설二身說로, 이신설에서 삼신설三身說로, 삼신설에서 사신설四身說로 진행됩니다.

(1) 1신설에서 2신설로

석가모니 부처님 한 부처님의 경우는 1신설로 말하는데 초기 대승의 시대에는 색신色身과 법신法身의 2신설로 됩니다. 석가모니 부처님은 원래 역사적인 부처님이지만 좀 더 깊은 곳에 있는 부처님을 생각하게 된 것입니다. 석가모니 부처님은 이 세상에 태어나서 80세로 입멸하셨습니다. 이 세상의 사람들을 구제하기 위해 사람의 모습으로 나타난 것이고, 사람들을 구제하고 불교 교단을 형성해 그 목적을 거의 달성했기 때문에 열반에 들었다고 합니다. 그러므로 석가모니 부처님은 변화신[응화신]이라고 합니다.

그러나 변화한다고 하는 것의 이면에는 변화하지 않는 좀 더 근원적인 부처님이 있다고 봅니다. 즉, 부처님 그 자체라고 할 수 있는 변하지 않는 본래의 부처님을 신앙하게 된 것입니다. 초기 대승불교의 신앙 형태를 보면 석가모니 부처님 한 부처님 이외에 아촉여래·아미타여래·약사여래 등의 신앙이 나타나고 있는 것을 알 수 있습니다. 또한 『법화경』처럼 석가모니 부처님을 보드가야 가까운 곳에서 성불한 부처님 곧 「가야근성伽耶近城의 적문迹門의 부처님」과 「구원실성久遠實成의 본문本門의 부처님」을 세우는데, 이것이 부처님의 이신설二身說입니다.

(2) 2신설에서 3신설로

중기 대승불교가 되면 2신설에서 3신설로 발전합니다. 그 3신이란 법신法身·보신報身·응신應身의 3신을 말하기도 하고, 자성신自性身·수용신受用身·변화신變化身의 3신을 말하기도 합니다. 이것을 알기 쉽게 말하면 응신과 변화신은 석가모니 부처님이고, 보신·수용신은 아미타여래, 약사여래 등 대승불교에서 설하는 제불을 말합니다. 보신·수용신이라고 하는 것은 인因의 수행을

하여 그 결과로써 보報를 받아 성불한 부처님이라는 의미
인데, 예를 들면 아미타여래는 원래 법장보살이었지만
법장보살이 48대원大願을 세우고 수행하였는데, 마침내
그 수행을 완성하여 아미타[무량수·무량광] 여래가 되었다고
합니다.

그에 비하여 법신 또는 자성신은 부처님 그 자체입니
다. 특정한 부처님이 아니고 아미타 여래나 약사 여래
등 모든 부처님의 근저이며, 석가모니 부처님의 근저도
되는 「부처님 그 자체」입니다.

그 법신·자성신은 모습도 형태도 없고 설법도 하지
않습니다. 그러나 이념으로써는 그 존재를 생각하지 않
을 수 없는 부처님입니다. 이렇게 대승불교에서는 2신
설에서 3신설로 발전하였습니다.

(3) 밀교의 불신관 - 4신설四身說

밀교에 오면 제일 먼저 법신의 내용이 문제가 됩니다.
종래의 이념 또는 추상적인 개념으로만 생각하고 있던
법신·자성신은 법신 대일여래 뿐이라고 단정하고, 보
신이나 응신 제불의 근저에는 바로 법신 대일여래가 있

다고 생각한 것입니다.

여기에 불신관·불타관 상의 커다란 변화·발전이 있
는 것도 함께 주목해야 합니다. 그리고 3신설에 새롭게
등류신^{等流身}을 보태어 4신설이 성립하게 된 것도 밀교 불
신관의 특색입니다.

「등류신」이란 똑같이 흐른다는 의미인데 석가모니 부
처님 이외의 보살·연각·성문·제천, 그 밖에 불계^{佛界}
이외의 9계^{九界6)}에서 살아 있는 모든 중생을 구제하는 것
은 모두 대일여래에서 등류한 것이기 때문에 등류신이
라고 합니다. 그리고 금강계·태장계 만다라에서의 최
외원^{最外院}인 외금강부원에 불교 이외의 신들이라든가 혹
은 축생이나 아귀에 이르기까지 모두 불교화하여 만다
라 속에 존격으로 받아들이고 밀교의 제존으로서 숭배
하게 된 것도 이 등류신 사상에서 나타납니다. 이 등류
신은 일반불교에서는 그 예를 찾아볼 수 없는 밀교의 독
자적인 불신관으로 부처님의 개념을 매우 넓게 확대하
고 있음을 알 수 있습니다. 대일여래를 중심으로 한 통

....
6) 구계九界 : 四聖(불· 보살· 연각· 성문)과 六凡(천· 인· 아수라· 축생· 아귀· 지옥)을
   십계十界라 함. - 譯註

일적인 불타관, 또는 그것을 구체적으로 나타낸 만다라적 불타관에서는 이러한 4신설도 인정될 수 있음을 보게 됩니다.

4종신四種身을 밀교에서는 「사종법신」이라고도 합니다. 법신이 그 4신四身 모두에 현현하고 있기 때문에 4신을 자성법신 · 수용법신 · 변화법신 · 등류법신이라고 하는 것입니다. 여기서도 법신의 확대 해석을 볼 수 있습니다.

5. 신앙의 대상

신앙의 대상에 대하여 구체적으로 살펴보겠습니다. 총설에서 언급한 것처럼 제불·보살·명왕·천은 구체적으로 대체 어떤 것인가 하는 문제입니다. 오래된 사찰이나 밀교 미술전 등에 가서 실제로 눈으로 볼 수 있는 부처님은 매우 많이 있습니다. 그런 부처님들 가운데 주가 되는 부처님은 대체 어느 정도 되는지 살펴보겠습니다.

이것은 특별히 사상의 문제라기보다 소위 신앙의 대상에 관한 영역입니다. 앞에서 언급한 본존이라는 것도 이러한 범주에서 생각할 수 있는 것이기 때문에 우선 이해하기 쉬운 형태로 분류해 보겠습니다.

(1) 여래부[佛部]

먼저 중심이 되는 것은 대일여래와 사방 4불입니다. 큰 사찰에서는 5불을 모두 모셔놓기도 하지만 대일여래 또는 4불의 한 부처님만 모시는 곳도 있습니다. 어떻든 그 부처님은 밀교의 5불 가운데 한 부처님이라합니다.

가령 아미타불을 모셔도 5불 속의 아미타불이라고 진언 밀교에서는 말합니다. 정토종에서는 아미타불만을 신앙하는 것으로 통일되어 있지만, 진언밀교에서는 아미타불의 신앙이든 다른 어떤 부처님의 신앙이든 가능합니다. 대일여래의 특징은 머리에 쓴 보관寶冠입니다. 일반적으로 부처님의 모습은 보살의 모습과 구별이 됩니다. 즉 부처님의 형상은 출가의 모습을 하고 있고, 보살은 귀족의 모습으로 여러 가지 훌륭한 장신구로 몸을 꾸미고 있습니다. 부처님은 몸을 꾸미는 장식을 하지 않는 출가의 모습입니다. 그러므로 아미타불이나 그 밖의 여러 부처님 모두 같은 출가의 모습입니다. 가장 나중에 등장한 대일여래만이 보살의 모습을 하고 있습니다. 화려한 보관을 쓰고 장신구를 가득 달고 있는 모습이 대일여래입니다. 그러나 대일여래의 경우에는 두 가지 모습이 있습니다. 「태장계의 대일여래」와 「금강계의 대일여래」는 모습이나 무드라印를 맺는 방법 그리고 진언에 차이가 있습니다. 아름다운 장신구를 하고 화려한 모습을 한 형상이 「금강계의 대일여래」입니다. 아미타불의 형상에 가까우면서 취한 무드라印만 다른 쪽이 「태장계의 대일여래」입니다. 이처럼 같은 대일여래에도 그 모습에 차이가 있습니다.

(2) 불정부佛頂部

「불정부」는 대승불교에는 등장하지 않는 매우 밀교적인 부처님입니다. 불정佛頂;buddhauṣṇīṣa이란 다른 어떤 사람에게도 없고, 오직 부처님의 정수리[佛頂]에만 나타나는 훌륭한 신체적 특징[相;無見頂上相이라고 하는 80種好의 하나]인데 부처님의 공덕을, 즉 부처님의 가장 훌륭한 점을 불격화佛格化한 것입니다. 결국 대일여래와 같은 모습을 하고 있고 역시 보살형을 하고 있습니다. 이러한 불정부의 부처님으로는 일자금륜불정一字金輪佛頂 · 존승불정尊勝佛頂 · 치성광불정熾盛光佛頂 등이 있는데 밀교의 사원에 가보면 이러한 부처님을 실제로 그려서 모시거나 불상을 조성하여 안치하고 있음을 확인할 수 있습니다.

(3) 불안부佛眼部

불안佛眼 즉 부처님의 눈은 세간을 비추는 지혜의 눈이며 「불안부」는 이를 불격화한 것입니다. 또한 「불모佛母」

는 「반야」를 말하므로 반야불모般若佛母라 하고, 불안불모佛眼佛母라고도 합니다. 실제로 부처님의 모습으로 그려져 있고, 불안불모의 진언이 있을 정도로 밀교에서는 신앙의 대상으로써의 형상을 나타내고 있고 이 부처님에게 예배, 공양하는 방법 즉 수법하는 의궤도 있습니다. 이것도 밀교의 특징이라 할 수 있습니다.

(4) 금강부金剛部

이 「금강부」도 밀교적인 부처님입니다. 금강살타金剛薩埵; vajrasattva는 금강수金剛手 · 집금강비밀주執金剛秘密主 · 일체여래보현一切如來普賢 · 대락금강大樂金剛 · 보현살타普賢薩埵라 하기도 합니다. 가장 대표적인 밀교의 보살이라 할 수 있는데, 부법전付法傳에 의하면 대일여래로부터 법신의 자내증自內證을 설한 밀교의 비밀법을 전해 받은 최초의 사람이 「금강살타」라고 합니다. 즉 대일여래→금강살타→용맹보살→용지보살→금강지삼장→불공삼장→혜과 아사리에서 홍법 대사 공해는 여덟 번째라고 하는 「부법의 8조」 가운데 한 사람으로 대일여래의 바로 다음에 있습니다. 역사상으로 실재한 사람처럼 여겨지겠지만 실존

인물이 아니고 신앙상으로 보리심菩提心을 일으켜 마침내 성불成佛했다는 교리상의 보살입니다. 즉 '보리심을 상징하는 보살을 금강살타라고 하는 것' 입니다. 태장계만다라의 금강수원金剛手院에 있는 제존 가운데 중심이 되는 분이 금강살타입니다. 이런 이유에서 금강살타는 대일여래의 뒤를 이었다고 한 것이고 실재는 보리심을 상징한 부처님입니다.

(5) 보살부

「보살부」는 대승불교와의 관계가 꽤 많습니다. 현교의 보살 중에 관음 신앙이 압도적이듯 밀교에서도 마찬가지입니다. 인도의 관음 신앙이 그대로 중국이나 한국·일본의 관음 신앙이 되었습니다. 먼저 성관음聖觀音은 가장 최초의 관음인데 『법화경』에 나오는 관세음보살입니다. 십일면관음十一面觀音 · 천수관음千手觀音 · 불공견삭관음不空羂索觀音 등의 관음 신앙은 일본에서는 나라奈良 시대부터 있었습니다. 그리고 여의륜관음如意輪觀音 · 준제관음準提觀音 · 마두관음馬頭觀音은 대략 8세기 이후에 성립한 관음입니다.

요컨대 관음 신앙의 역사는『법화경』이 성립한 무렵부터입니다. 결국 기원 1세기 무렵부터 밀교가 왕성하게 된 8세기 이후까지 관음 신앙은 계속되어 왔습니다. 그 사이에 변화 관음이 계속해서 나타나고 있는 것이 밀교 시대라고 생각할 수 있습니다.

중국에 와서 더욱 변화 관음이 여러 가지로 나타나고 있는데, 관세음보살만큼 폭넓은 신앙을 모은 부처님은 없을 정도입니다. 그 다음에 문수 · 보현 · 미륵 · 지장 · 일광 · 월광 등 제보살은 대승불교의 보살을 그대로 밀교에서도 계승되었습니다. 그러나 허공장보살虛空藏菩薩이나 제개장보살除蓋障菩薩은 밀교에서 등장한 보살입니다.

(6) 명왕부明王部

밀교의 독자적인 것으로 명왕부에도 여러 부처님이 있습니다. 명왕이란 산스크리트어 비드야vidya를 주呪 또는 명주明呪로 번역하는데, 진언 · 다라니의 공덕력을 매우 중요시하여 그러한 명주 · 진언 · 다라니와 같이 뛰어난 위력을 지닌 존(尊=부처님)을 명왕이라 합니다. 밀교 시대가 되어 초능력을 가지고 파괴력이 강한 부처로서 험상궂은 분노의 모습을 한 명왕의 신앙이 성립하였습니다.

『공작명왕경』이라고 하는 경전이 있는데 그 속에 「공작명왕」이 설해져 있습니다. 명왕에는 5대명왕五大明王이 대중적으로 널리 알려져 있습니다. 부동명왕(不動明王=大日如來의 敎令輪身)이 가장 중심이고, 항삼세명왕(降三世明王=아촉여래)·군다리명왕(軍茶利明王=보생여래), 대위덕명왕(大威德明王=무량수여래), 금강야차명왕(金剛夜叉明王=불공성취여래)을 오대명왕五大尊이라 합니다. 그밖에 애염명왕愛染明王·태원수명왕(太元帥明王:曠野神이라고도 함)이라는 명왕도 있습니다.

(7) 천부天部

다음이 「천부」입니다. 천天이란 산스크리터어로 데바 deva라 하는데, 원래는 브라만교 속에서 신앙이 되는 여러 가지 데바[神]들 입니다. 그 신들을 불교의 수호신으로 불교에 수용한 것입니다. 특히 12천은 호세의 천부天部라고도 하는데 다음과 같습니다.

(1)제석천帝釋天:동방 (2)화천火天:동남방 (3)염마천焰摩天:남방

(4)나찰천羅刹天;서남방   (5)수천水天;서방   (6)풍천風天;서북방
(7)비사문천毘沙門天;북방 (8)이사나천伊舍那天;동북방의 8존은
사방사우四方四隅의 8존이고 거기에 (9)범천梵天;상방 ⑽지천
地天;하방 ⑾일천日天 ⑿월천月天의 4천을 더하여 12천이라
합니다.

   또한 동서남북의 사방에 각각 5천天을 배대하여 20천
天이라고도 합니다. 그리고 길상천吉祥天 · 변재천辯財天 ·
환희천歡喜天 등이 있습니다. 환희천은 성천聖天;ganesa이라
고도 하는데 얼굴을 코끼리 형상을 하고 서로 껴안고 있
는 모습의 비불秘佛입니다. 그 밖에도 대흑천大黑天 등 여
러 가지 천부의 신앙이 있습니다.

6. 팔조八祖

「팔조」는 진언종의 가르침을 전한 조사로 추앙되고 있는 분들인데, 여기에는 「부법의 팔조」와 「전지의 팔조」라고 하는 두 가지가 있습니다.

(1) 부법의 팔조

「부법의 팔조」는 밀교의 가르침을 스승에서 제자로, 제자에서 손제자에게로 직접 부법상승付法相承 · 이심전심以心傳心이라는 형식으로 전해진 계보입니다.

대일여래 – 금강살타 – 용맹 – 용지 – 금강지 – 불공 – 혜과 – 홍법 대사로 부법상승한 8조를 부법의 8조라고 합니다. 대일여래 · 금강살타는 신앙상의 조사이고 용맹보살 이하의 6조는 역사적인 인물입니다. 그 가운데 용맹과 용지는 인도의 밀교 상승자이고 금강지는 인도사람으로 중국에 와서 밀교 경전을 번역하고 밀교를 전한 사람입니다. 불공은 서역 사람인데 중국에서 성장하여 금강지의 제자가 되었습니다. 불공은 금강지가 입적한 후 인도[세일론]에 유학하여 밀교를 배운 뒤 많은 밀교 경궤를 중국에 가져와서 번역하고, 밀교를 크게 보급하여 중국에 밀교라고 하는 하나의 종파를 창설했습니다. 그리고 혜과는 불공의 많은 제자 가운데 가장 뛰어난 제자로서 중국 밀교의 홍통에 힘썼습니다. 혜과에게서 밀교를 상승하고 일본에 전하여 진언종을 개창한 사람이 홍법 대사 공해입니다.

(2) 전지傳持의 8조

부법과 같이 직접 상승하여 전한 것은 아니지만 전지傳持, 즉 밀교를 전한 사람이라는 의미에서 8인이 있습니다. 용맹·용지·금강지·불공까지의 4인은 부법의 8조와 같은데, 거기에 선무외善無畏와 일행一行을 더한 것입니다.

선무외는 인도사람으로 중국에 와서『대일경』을 번역하였고, 일행은『대일경소』라고 하는 주석서를 저술한 사람입니다. 이 6인에 부법의 8조 가운데 혜과와 홍법을 더하여 이것을 전지의 8조라고 합니다. 즉 용맹 – 용지 – 금강지 – 불공 – 선무외 – 일행 – 혜과 – 공해 대사입니다.

진언종의 절을 참배하게 되면 본존의 양쪽에 조각상으로 8조가 나란히 모셔져 있는 예도 있고, 그림으로 그려진 족자로 되어 있는 것도 있는데 그것은 모두 전지의 8조입니다.

7. 만다라

⑴ 만다라의 성립과 의미

밀교에서는 신앙의 대상인 본존과 그 권속을 통합하여 그림으로 그려 모셔두고 공양하거나 기원하는 수법이 있습니다. 5세기의 밀교 경전에 이미 그 본존과 권속의 집회集會인 만다라가 성립되고 있습니다. 그 후 밀교에서는 많은 불·보살·명왕·천신 등을 신앙하고 있고, 그 신앙의 대상이 다채롭게 됨과 동시에 또한 공양하고 기원하는 수법도 갖가지로 많아지게 됩니다. 이러한 신앙의 다양성 속에 한편으로는 각각의 일존과 그 권속이라고 하는 그룹의 집회 만다라가 성립되고 다른 한편으로는 다채로운 신앙의 대상과 밀접하게 관계 맺는 통일적인 불타관이 성립하여 그것을 구체적으로 표현하기 위하여 대일여래를 중심으로 하는 종합적인 만다라가 성립합니다. 그것이 7세기 무렵에 성립한 『대일경』에 의한 「태장계의 만다라」와 『금강정경』에 의한 「금강계의 만다라」입니다.

만다라라고 하는 말은 산스크리트어 만달라mandala 의 음사입니다. 만달라^{maṇḍala}는 어근 「만다^{maṇḍa;本質·心髓·醍醐}」에 「라^{la;所有의 뜻}」라는 접미어가 붙은 합성어로써, 「본질을 가지고 있는 것」 「본질이 소유된 것」 「진수를 얻은 것」이라고 하는 의미가 있습니다. 그리고 그것을 종교적으로 말하면 「정각^{正覺}을 얻은 것」이라는 의미입니다. 또한 부처님이 모든 공덕을 갖추고 있는 상태를 가리키기도 합니다. 중국에서 의역하여 「윤원구족^{輪圓具足}」이라고 하였는데 그것은 부처님의 모든 공덕을 원만하게 갖추고 있다는 의미입니다.

만다라는 처음에는 방단^{方壇}이나 원단^{圓壇} 위에 여러 부처님을 그려서 예배·공양하는 것을 의미했으며, 후에는 제불·보살 등을 그려놓은 집회의 상태를 일컫게 되었습니다. (원음은 「만달라」로 발음 되지만, 익숙해져 있는 발음 「만다라」로 표기하기로 한다. - 역자 주)

(2) 양부^{兩部}만다라

만다라에는 특정의 본존과 그 권속의 집회라고 하는 형식의 만다라를 「별존만다라^{別尊曼茶羅}」라 합니다. 그것에 대하여 대일여래를 중심으로 한 사방의 4불을 비롯하여 많은 보살 · 명왕 등을 배치한 종합적인 만다라를 「태장계만다라」라고 하고, 대일여래와 4불을 중심으로 하면서 금강살타가 성불하는 양상을 나타낸 것을 「금강계만다라」라고 합니다. 그리고 이 두 가지 만다라를 총칭하여 「양계만다라」라고 합니다.

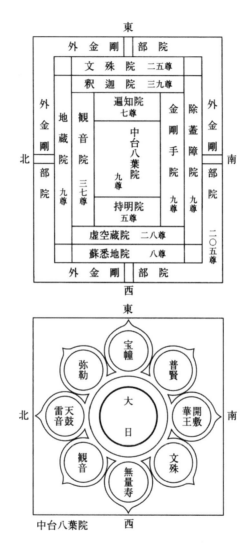

태장계만다라

[태장계만다라]

먼저 태장계만다라는 구체적으로는 「대비태장생만다라大悲胎藏生曼茶羅」라고 하며 『대일경』과 그 주석서인 『대일경소』에 근거하여 마치 어머니가 태아를 사랑으로 기르듯이 부처님이 자비스런 마음으로 중생을 구제하는 정신을 나타낸 만다라입니다.

그리고 이것은 경전의 주석[經疏]에 해설된 만다라이기 때문에 「경소經疏 만다라」라고도 하고, 그것을 알기 쉽게 도회로 나타내고 있으므로 「현도現圖만다라」라고도 합니다. 현도만다라는 중국 밀교가 성립할 때 함께 성립된 것으로 생각되고, 공해 대사가 입당구법 후 일본에 처음 들여온 것입니다.

이 태장계의 만다라는 13대원大院으로 구성되어 있습니다. 중대팔엽원이 있고 그 주위에 12원이 있습니다. 먼저 동방에 변지원 · 석가원 · 문수원 · 외금강부원, 남방에 금강수원 · 제개장원 · 외금강부원, 서방에 지명원 · 허공장원 · 소실지원 · 외금강부원, 북방에 관음원 · 지장원 · 외금강부원이 있고 그리고 4방의 4대호원이 배치되어 있습니다. 현도만다라에서는 그 4대호원을 생략하고 12원으로 하고 있습니다. 그 현도만다라와 원의 이름 그리고 각 원의 제존의 수는 별도에 보인 것과 같습니다.

① 중대팔엽원中臺八葉院

먼저 중대팔엽원은 태장계만다라의 중앙에 위치하고 대일여래[법계정인]를 중심으로 사방에 보당여래[여원인;동] 개부화왕여래[시무외원;남] 무량수여래[법계정인;서] 천고뇌음여래[촉지인;북]의 4불과 4우四隅에 보현보살(동남)7) · 문수보살(남서)8) · 관음보살(서북)9) · 미륵보살(동북)10)의 4보살을 배치하고 있습니다. 그 4불 · 4보살이

....

7) 보현보살 : 종교적 각성-발심문에서 정보리심의 덕.
8) 문수보살 : 종교적 실천에서의 지혜-수행문에서의 지혜의 덕.
9) 관음보살 : 종교적 증오-보리심문에서의 보리의 덕.
10) 미륵보살 : 종교적 이상경-열반문에서의 열반의 덕.

팔엽의 연화 위에 제각기 앉아 있으므로 「중대팔엽원」[11]
이라고 합니다.

이 중대팔엽원은 대체로 대승불교의 대표적인 불·보
살을 배치하고 있고 그 중앙에 밀교의 대일여래를 안치
하고 있습니다. 그리고 대일여래가 4불로 화현하고 4불
이 4보살로 화현하여 중생을 구제하는 것을 나타내고 있
습니다.

② 변지원遍知院

이 원의 부처님은 불안불모, 칠구지불모, 대안락불공
금강 등 7존이 있고 전적으로 밀교의 독자적인 부처님입
니다. 이 원의 중앙에 삼각지화三角智火의 변지인遍智印이
그려져 있으므로 「변지원」이라고 합니다.

이 변지원은 일체여래지인一切如來智印 또는 무불심인無佛

----

11) 옛부터 인도 사람의 의학에서는 8엽의 연꽃은 인간 심장의 형상을 나타낸
다고 하여 이 모양의 〈8辯의 肉團心〉은 지금도 티베트 등에 전해진 인도
의학의 서적에 자주 그려지고 있다. 그러므로 중대팔엽원은 중생의 마음
을 나타낸 것이다. 그 마음은 실제적으로 부처님의 5智, 5佛을 나타냄과
동시에 현상적으로는 범부의 인식능력인 9識을 나타내는 것이 된다. 즉 8
識이 轉하여 4智가 되고 9識이 轉하여 제5 법계체성지가 되므로 중대팔엽
원은 그대로 當相卽道, 凡卽是佛의 경지를 표방하는 것이 된다. - 譯註

心印이라고도 하고 4마[四魔:身心 · 煩惱 · 死 · 天]를 항복하는 부처님의 지혜를 나타냅니다. 그리고 그러한 활동을 하는 이는 대일여래에서 화현한 부처님들입니다.

③ 지명원持明院

이 원의 부처님은 뛰어나고 훌륭한 명주mantra;眞言를 가지고 있다는 의미로 「지명원」이라 합니다. 그리고 이 원에는 반야보살과 부동명왕 · 항삼세명왕 · 대위덕명왕 · 승삼세명왕의 5대존이 있으므로 「5대원」이라고도 합니

다. 그 오대존 가운데 반야보살은 대일여래의 자비를 나타내는 정법륜신正法輪身12)이고, 다른 4명왕은 대일여래의 절복의 지혜를 나타내는 교령륜신敎令輪身13)이라 하는데 그 교령륜신은 분노신忿怒身이기 때문에 이 원을 「분노원」이라고도 합니다.

④ 관음원觀音院

이 원의 중앙에 있는 존이 관자재보살이기 때문에 「관음원」이라고 합니다. 또한 이 원은 불부佛部·연화부蓮華部·금강부金剛部의 삼부 가운데 연화부에 속하므로 「연화부원」이라고도 합니다. 이 원에는 성관음·여의륜관음·마두관음 등 주존主尊이 21존, 권속이 16존, 합해서 37존으로 되어 있습니다. 그리고 이 관자재보살은 무량수[아미타] 여

....

12) 진리 자체인 대일여래를 현실에서의 수용형태.
13) 대일여래의 의지나 행동에서의 표현.

래가 중생을 교화하기 위해 화현한 것이기 때문에 대일
여래의 대비大悲의 덕을 나타내고 있다고 합니다.

⑤ 금강수원金剛手院

　　이 원의 중심에 있는 존이 금강
수보살이기 때문에 「금강수원」이
라 합니다. 금강수는 「금강살타」라
고도 하므로 이 원을 「살타원」이라
고도 하고, 불부·연화부·금강부
의 삼부 가운데 금강부에 속하므로
「금강부원」이라고도 합니다. 관음
원이 대일여래의 대비의 덕을 나타
내고 있는 것에 비하여 이 금강수
원은 대일여래의 대지大智의 덕을
나타내고 있습니다. 그래서 이 두
원을 중대팔엽원의 좌우에 각각 배
치하고 있습니다. 이 원에는 33존이 있습니다.

⑥ 석가원釋迦院

이 원의 중심에 있는 부처님이 석가모니불이기 때문에 「석가원」이라고 합니다. 이 석가여래는 대일여래가 밀교를 설하여 중생을 구제하기 위하여 응현한 부처님이기 때문에 변화법신의 석가여래입니다. 그리고 이 원에는 관음·허공장·8불정佛頂 그밖에 밀교적인 제존 등 39존으로 되어 있습니다.

⑦ 문수원文殊院

이 원은 문수보살이 중심존이므로 「문수원」이라고 합니다. 문수보살은 대일여래의 지혜가 모든 희론戲論·번뇌을 끊어 없애는 활동을 나타내는 보살입니다. 이 원에는 주존과 권속을 모두 합해서 25존이 있습니다.

⑧ 제개장원除蓋障院

이 원은 제개장보살을 중심존으로 하므로 「제개장원」이라 합니다. 이 보살은 대일여래가 모든 장애[번뇌]를 제거하는 서원을 가지고 화현한 보살로서 「이뇌금강[離惱金剛]」이라고도 합니다. 그리고 금강수원이 대일여래의 지혜의 체[體:본체]에서 유현한 것임에 대하여 이 원은 대일여래의 지혜의 용[用:작용]을 나타내는 것이라고 하는데 모두 9존으로 이루어져 있습니다.

⑨ 지장원地藏院

이 원은 지장보살이 중심존으로 되어 있으므로 「지장원」이라 합니

제개장원

지장원

다. 지장보살은 대일여래의 발고여락拔苦與樂14)의 덕을 나타내는 보살입니다. 관음보살이 대비의 보살임에 대하여 지장보살은 특히 악취惡趣:악도의 중생을 구제하기 위해 구원의 손길을 내미는 보살로 되어 있습니다. 이 원은 모두 9존으로 이루어져 있습니다.

⑩ 허공장원虛空藏院

이 원의 중심존이 허공장보살이므로 「허공장원」이라고 합니다. 문수보살이 지혜의 보살임에 대하여 허공장보살은 복덕의 존입니다. 대일여래가 모든 복덕을 허공처럼 무한히 포장包藏하고 중생의 원에 응하여 시여施與하기 위해 화현한 보살, 즉 부의 생산과 분배의 무한한 가능성을 나타낸 보살입니다. 이 원은 모두 28존입니다.

....
14) 괴로움을 없애고 즐거움을 주는 것.

⑪ 소실지원蘇悉地院

이 원의 중심존은 소실지[susiddhi의 음역. 妙成就의 뜻] 보살이 므로 「소실지원」이라고 합니다. 이 보살은 허공장보살이 유현한 것이고 허공장보살의 만덕을 출생하여 묘성불妙成佛의 작용을 하는 보살로 되어 있습니다. 모두 8존으로 이루어져 있습니다.

⑫ 외금강부원外金剛部院

이 원은 태장계만다라의 외부에 있어서 「외금강원」이라고 합니다. 여기에는 제천선신이 모두 등장하고 있는데, 그들은 모두 일반적인 제천선신이 아니고 대일여래가 그들 모두에 유현하여 구제하는 것을 나타냅니다. 즉 고대 인도인들이 존숭하던 신들뿐만 아니라 정령·귀신들까지 소위 6도 윤회하는 모든 중생이 모두 이곳에 포함되어 있는데 그들 모두는 대일여래의 변화법신 또는 등류법신으로서 모두가 그 가치를 균등하게 가짐을 나

타냅니다. 그런 뜻에서 이 최외원
에 이르러 비로소 아즉대일我卽大日,
당상즉도當相卽道라는 밀교의 교지
가 가장 구체적으로 표시되었다고
할 수가 있습니다. 이 외금강부원
은 이 만다라의 사방의 외부에 배
치되고 모두 205존으로 이루어져
있습니다.

이상 12원의 대강을 살펴보았는데, 12원의 배치와 그
주존에 대해서는 대일여래의 온갖 덕성의 여러 모습[總德
諸相]을 구체적으로 나타낸 것으로써 극히 합리적인 것으
로 생각합니다. 그러나 주존 이외의 다른 제존이나 권속

에 대해서는 지나치게 다종다양하다는 것과 하나의 부원에 제존을 배치하는 혼란도 볼 수 있습니다. 그들 많은 존에서 아무래도 인도 밀교의 토착적인 분위기를 느낄 수 있습니다.

요컨대 이 태장계만다라는 대승불교의 불타 신앙을 계승하면서 밀교에 있어서 급속히 발전한 밀교적 신앙도 포괄하고 그것을 법신 대일여래의 대지·대비로 섭수하여 통일적인 불타관을 확립했습니다. 그리고 대일여래를 중심으로 하는 하나의 대만다라大曼茶羅로서 성립하고 있는 것[現圖에서 전체 390尊]입니다. 태장계만다라의 12원 배치를 보면 중앙에 중대팔엽원이 있고 그 상하에는 4중원단이고, 좌우에는 3중원단으로 되어 있습니다. 여기에도 중요한 의미가 있지만, 너무 전문적이기 때문에 생략하기로 합니다.

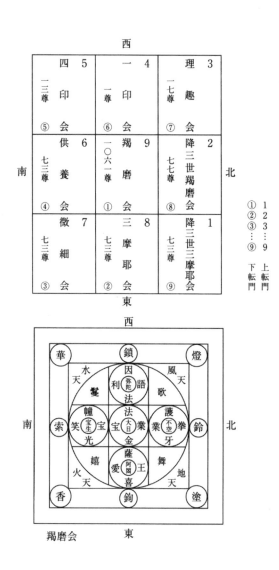

금강계만다라

[금강계만다라]

금강계만다라는 『금강정경金剛頂經』을 소의로 하여 그려진 것으로 영원히 부서지지 않는 다이아몬드[金剛]처럼 견고하게 깨달은 마음, 즉 「보리심을 본체로 하는 만다라」란 뜻입니다. 모두 9회로 이루어져 있으므로 「금강계 9회만다라」라고도 합니다. 9회란 (1)갈마회 (2)삼마야회 (3)미세회 (4)공양회 (5)사인회 (6)일인회 (7)이취회 (8)항삼세갈마회 (9)항삼세삼마야회를 말합니다.

① 갈마회羯磨會

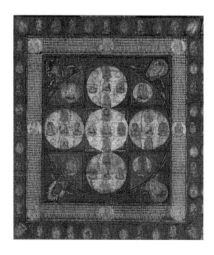

금강계만다라 9회의 중심이 되는 것이 「갈마회」입니다. 갈마는 카르마karam라고 하는 범어의 음사어이고, 사업事業·행위로 번역합니다. 이 회는 대일여래가 모

든 것을 구원하는 화타化他의 사업을 나타내고 있으므로
「갈마회」라고 한 것입니다. 또한 이 회는 성불의 과정 또
는 불신佛身이 성취되는 회처會處를 보이고 있으므로 「성
신회成身會」라고도 합니다. 그리고 9회 가운데 가장 기본
적인 회이므로 「근본회」라 하기도 합니다.

이 「갈마회」를 잘 살펴보면 사각의 이중 틀 속에 커다
란 원을 그리고 그 중앙과 사방에 작은 원이 있습니다.
이 커다란 원은 5불五佛의 주처이고 보루각에 해당하는
데, 그것은 또한 중생의 마음을 상징하고 있다고도 볼
수 있습니다. 그리고 작은 다섯 개의 원은 월륜月輪인데
이것을 「5해탈륜」이라고도 하고 5지五智와 5불五佛을 나
타냅니다.

다섯 개의 작은 원 가운데 중앙의 원은 대일여래[백색:지
권인:사자좌] 그 사방에 「금 · 보 · 법 · 업金寶法業」의 4바라밀
보살이 있습니다. 이것은 대일여래의 4친근보살로서 4
불이 대일여래를 공양하기 위해 나타나고 있습니다. 다
음에 동방의 윤원에는 중앙에는 중앙에 아촉여래[흑색:촉지
인:코끼리좌] 그 사방에 「살 · 왕 · 애 · 희薩王愛喜」의 4보살이
있습니다. 남방에는 중앙에 보생여래[황색:여원인:마좌] 그 사

방에 「보·광·당·소寶光幢笑」의 4보살이 있습니다. 서방에는 아미타여래[적색;법계정인;공작좌]를 중심으로 사방에 「법·리·인·어法利因語」의 4보살이 있습니다. 이것은 4불과 그 활동을 나타낸 것으로 대일여래의 활동karma 그 자체를 인격화하여 4불과 16대보살로 나타냅니다. 이어서 대륜원의 사방에 「희·만·가·무嬉鬘歌舞」의 4천녀가 있는데 이것을 「안의 4공양[內四供養]」이라 하고 대일여래가 4불에게 공양하는 것을 나타냅니다. 큰 원 밖의 사방에는 현겁[賢劫;現在의 劫이다]의 천불千佛을 그리고 사방의 네 모퉁이[四隅]에 「향·화·등·도香華燈塗」의 4보살이 있는데 이것을 「밖의 4공양[外四供養]」이라 하고 4불이 대일여래를 공양하는 것을 나타냅니다.

다음에 사방의 4문에 「구·삭·쇄·령鉤索鎖鈴」의 4보살이 있고 이것을 4섭지攝持의 보살이라고 합니다. 이 4섭지 보살의 발상은 대승불교의 보시·애어·이행·동사의 4섭법에 근거한 것으로 대일여래가 4불을 공양하는 것을 나타내고 있습니다. 거기에 밖의 사방[第3重]에는 일체의 천天을 포섭하여 그 대표로서 28천을 그리고 있는데 이것이 외금강부에 해당됩니다.

이 회의 중심을 이루고 있는 것은 대일여래와 4불인데 그 5불에게 제각기 친근親近의 보살을 대응시키고 각각의 부처님의 특색있는 심상心象과 활동을 오묘하게 분석하고 있는 것에 주목해야 할 사상의 전개로 볼 수 있습니다. 또한 「향·화·등·도」나 「구·삭·쇠·령」과 같은 구체적인 공양물을 불격화하여 보살로 하고 더욱이 그것을 상호 공양하는 보살이라는 형식의 발상은 참으로 심묘하다 하겠습니다.

이처럼 갈마회는 대일여래를 중심으로 하고 4불, 4바라밀보살, 16대보살, 8공양, 4섭의 12보살로 이루어져 있으므로 「갈마회37존만다라」라고도 합니다.

② 삼마야회三摩耶會

이 회는 중앙의 갈마회 아랫쪽, 즉 동방에 위치하고 부처님의 본서本誓인 삼마야형으로 나타내고 있으므로 「삼마야회」라고 합니다.

「삼마야」는「평등」「본서」「약속」「계약」등의 의미를 가진 범어 삼마야sammaya를 음사한 것입니다. 부처님의 본서라는 것은 부처님이 중생을 교화하는 마음의 비밀을 가리키는데, 그것을 구체적으로 부처님이 가지고 있는 물건인 윤보輪寶 · 5고저五股杵 · 칼 · 연꽃 · 탑 등으로 나타내고 있습니다. 이「삼마야회」는 그러한 상징으로 나타내는 것을 그린 집회이기 때문에 4종만다라 가운데「삼마야만다라」[상징의 만다라]에 해당합니다.

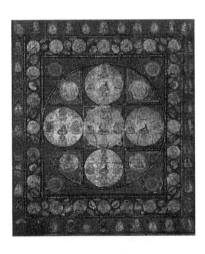

③ 미세회微細會

이 회는 9회의 동남방에 위치하고 부처님이 미세한 지혜를 가지고 중생을 교화하는 것을 나타내므로「미세회」라고 합니다. 이 회의 제존은 모두 삼고저三鈷杵 속에 머물고 부사의하고 미세한 지혜로 중생을 교화하고 있습니다. 이것은 4종만다라 가운데「법만다라」

에 해당하는 것으로 볼 수 있는데 종자種子;梵字 진언으로
나타내는 법만다라는 아닙니다.

④ 공양회供養會

이 회는 남방에 위
치하고 4불이 대일여
래를 공양하고 대일여
래가 4불을 공양하는
식으로 상호 공양하는
모습을 나타내고 있으
므로 「공양회」라고 합
니다. 이 공양은 부처님의 작업·활동이기 때문에 4종
만다라 가운데 「갈마만다라」에 해당됩니다.

이상의 4회 – 갈마회·삼매야회·미세회·공양회는
각각 대만다라 전체·삼매야만다라[象徵]·법만다라[理性]
·갈마만다라[行動]를 따로 나누어 설한 것으로 보기도 합
니다.

⑤ 사인회四印會

이 회는 서남방에 위치합니다. 지금까지 갈마·삼매야·미세·공양의 4회는 대·삼마야·법·갈마의 4종만다라에 각각 해당하는 것이었는데, 그러나 이 4회는 제각기 분리될 수 없는 것이기 때문에 4만曼·4지智·4불佛이 일체불리一體不離임을 나타내기 위하여 4회를 한 곳에 안치하여 「4인회」라고 합니다.

「인」은 지인智印이라는 뜻이고 4종만다라를 4지인智印이라고도 하므로 여기서는 4회를 한곳에 모은 것을 사인회라 하게 됩니다. 이 회에는 중앙의 대일여래와 사방의 4불이 크게 그려져 있습니다.

⑥ 일인회一印會

이 회는 서방에 위치하고 중생과 부처의 일체성一體性, 즉신성불의 이상을 나타내는 지권인智拳印이라는 일인一印

을 맺고 있는 금강계의
대일여래 한 부처님만
을 크게 그리고 있으므
로 「일인회」라 합니다.
지금까지의 금강계 제
회諸會는 모두 대일여래
한 부처님에게 귀입해
야 한다[歸依大日]는 것을

나타내기 위하여 「일인회」로 독립하여 그린 것입니다.

⑦ 이취회理趣會

이 회는 서북방에
위치하고 대일여래
가 그 불변[=금강]의 본
질[=살타]을 중생을 위
하여 보살의 모습을
취한 금강살타의 몸
으로 현현하여, 진실
한 지혜[=理趣]는 「욕·

촉·애·만」 같은 번뇌 속에도 예외 없이 깃들어 있으므로 번뇌 그 자체가 곧 보리[煩惱卽菩提]라는 것을 나타낸 만다라입니다.

중앙에 금강살타 그 사방에 「욕·촉·애·만」의 4금강보살을 네 모퉁이[四隅]에 4보살의 금강녀金剛女를 배대하고, 제2중重에는 사방에 4섭보살, 네 모퉁이에는 안의 4공양보살[內四供養]을 배대하여 전부 17존으로 되어 있습니다.

⑧ 항삼세갈마회降三世羯磨會

이 회는 북방에 위치하고 대일여래가 좀처럼 교화하기 어려운 중생을 교화하기 위하여 마음은 자비로 가득 넘치면서 밖으로는 무서운 분노의 모습을 하는

항삼세명왕의 모습을 나타내고 있는 것을 그린 만다라입니다. 이 회의 구성은 근본회[갈마회]와 비슷한데 근본회 37존에서 금강살타대신 항삼세명왕을 두고 현겁의 16존, 외원의 20천 그리고 제3중의 사우에 4명비[明妃]를 배대한 것으로 모두 77존으로 되어 있습니다.

⑨ 항삼세삼마야회 降三世三摩耶會

이 회는 동북방에 위치하고 항삼세명왕의 삼마야형을 나타낸 것입니다. 그러나 제3중의 네 모퉁이에 4명비가 없기 때문에 73존으로 되어 있습니다.

앞의 「항삼세갈마회」가 중생을 교화[化他]하기 위한 외면적인 활동을 하고 있음에 대하여 이 「삼마야회」는 내심[內心]의 활동을 나타내고 있습니다.

이상이 「9회만다라」인데 그 전거를 살펴보면 제1회에서 제6회까지는 『금강정경』의 금강계품金剛界品계품」에 의한 것이고, 제7회는 두 가지 설이 있는데 『금강정경』 18회 속의 제6회 「대안락불공진실유가품」에 의한 것이라는 견해와 초회의 「일인회」에 의한 것이라는 견해가 있습니다. 그리고 제8, 제9는 「항삼세품」에 의한 것입니다.

더욱이 「9회만다라」에 대해서는 제1회에서 제6회까지는 일련의 관계가 있는 것이지만, 제7회 이하가 어떻게 해서 추가 되었는가, 또는 9회의 순서가 무엇을 의미하는가 하는 교학상의 문제가 있지만, 생략하기로 합니다.

아무튼 양부의 만다라는 그 성립이나 양상 등에 현저한 차이가 있으므로 거기에 커다란 불타관의 차이가 있다는 것도 빠뜨릴 수 없는 문제입니다. 태장계만다라가 대일여래를 중심으로 하는 통일적인 불타관을 보이는 것에 대하여, 금강계만다라는 대일여래와 4불과 금강살타를 주축으로 하고 성불의 과정과 교화의 양상을 보인 것이라고 할 수 있습니다.

[사종만다라 四種曼茶羅]

만다라는 그 표현 형식상으로 네 가지가 있으므로「사종만다라」라고 합니다. 그 네 가지는 (1)대만다라大曼茶羅 (2)삼매야만다라三昧耶曼茶羅 (3)법만다라法曼茶羅 (4)갈마만다라羯磨曼茶羅 입니다.

(1) 대만다라大曼茶羅

먼저 대만다라에「대」라고 하는 것은 보편적이라든가 완전하다는 것을 의미합니다. 그래서 제불·보살 등의 모습을 완전하게 그대로 표현하고 있는 만다라를 대만다라라고 합니다. 그것이 만다라의 기본적인 표현형식입니다. 실제로는 부처님의 모습을 그림으로 그린 만다라를 말합니다.

(2) 삼매야만다라三昧耶曼茶羅

삼매야는 범어 싸마야samaya의 음사어로서 부처님의 서원誓願·본서本誓를 의미합니다. 밀교에서 부처님의 본서를 상징적으로 나타내는 방법으로 부처님이 가지고 있는 물건[持物]으로 나타내는 경우와 손으로 무드라[印]를 맺는 인계[印契]로써 나타내는 경우가 있습니다.

부처님의 지물을 주의해서 살펴보면 칼·윤보·약병·연화·오고저 등이 있는데, 이러한 것을 모두 아무렇게나 가지고 있는 것이 아니고 부처님의 본서를 나타냅니다. 또한 부처님은 손으로 여러 가지 무드라를 맺고 있는데 그것도 그 부처님의 본서를 나타냅니다. 그래서 대만다라 대신 부처님의 지물이나 인계로써 나타낸 만다라를 「삼매야만다라」라고 합니다.

(3) 법만다라法曼茶羅

법만다라는 제불·보살을 범자의 한 글자로 표시한 만다라입니다. 밀교에서는 제불·보살·명왕 등에는 그 존을 일컫는 진언이 있기도 하지만 범자의 한 글자로써 간단히 나타내기도 합니다. 그래서 대만다라를 각각의 부처님을 상징하는 범자의 한 글자로써 나타낸 것을 「법만다라」라고 합니다. 또한 그 한 글자를 종자라고 하므로 「종자만다라」라고도 합니다. 그리고 법만다라라고 할 때 「법」에는 가르침이라는 의미도 있으므로 모든 범자梵字, 넓은 의미로는 경전, 언어, 문자 등이 모두 법만다라라고 할 수 있습니다. 경전을 흔히 「법만다라」라고 하는 것은 바로 그 때문입니다.

(4) 갈마만다라羯磨曼茶羅

「갈마」라는 말은 범어 카르마karma의 음사어이고 작업 · 활동 · 행위를 의미합니다. 그래서 지금까지의 세 가지 만다라는 부처님[대만다라]과 본서[삼마야만다라]와 기호[법만다라]이지만, 그 각각이 모두 부처님으로서의 구제 활동을 하고 있다고 생각하여 그 활동의 상태를 「갈마만다라」라고 합니다. 이것을 「통삼갈마通三羯摩」라고 합니다. 즉 「세 가지 만다라를 통한 활동」이라는 의미입니다.

그러나 제불 · 보살 등을 철 · 청동 · 돌 · 흙 · 나무 등의 재료로 입체적으로 주조하거나 조각한 부처님의 존상을 갈마만다라라 하기도 하는데 그것을 「별체갈마別體羯摩」라고 합니다.

(5) 만다라의 확대해석

이상을 다시 정리해 보면 「사종만다라」는 부처님의 표

현형식으로써 대단히 훌륭한 발상이라고 할 수 있습니다. 이 만다라를 좀 더 이해하기 쉽게 예를 들어보면 한 가정에 가족을 구성하고 있으면 그것은 「대만다라」이고, 가족들이 제각기 가장 애용하고 있는 것으로 그 가족들을 상징적으로 나타내는 것이 「삼매야만다라」입니다. 또한 가족들의 이름은 「법만다라」라고 생각할 수 있습니다.

또한 만다라 사상은 부처님의 세계를 나타내는 것이지만 그것을 확대 해석하면 10계十界15)의 유정有情 세계를 「대만다라」라고 볼 수 있습니다. 그리고 그들 유정에게 가장 직접적으로 관계가 있는 것, 또는 그들이 사는 산천 초목의 세계는 「삼매야만다라」이고, 살아 있는 모든 것[유정]의 이름이나 기호는 「법만다라」라 생각할 수 있습니다.

만다라의 세계는 부처님의 세계뿐만 아니라 인간의 세계와 우주까지 모두 만다라의 세계라고 볼 수 있습니다. 만다라의 사상은 밀교 사상의 특색이기도 하지만, 이제 세계적인 규모의 사상으로 이 세계를 이끌어갈 제3의 사상으로 새롭게 평가되어야 하리라고 봅니다.

....
15) 지옥 · 아귀 · 축생 · 수라 · 인 · 천 · 성문 · 연각 · 보살 · 불타를 말한다.

[마음의 만다라]

　그러한 만다라의 세계를 홍법 대사는 「마음의 만다라」
라고 하는 사상으로 받아들였습니다. 만다라는 부처님
의 세계이지만 그것은 또한 「마음의 만다라」라고 합니
다. 이것은 부처님의 초월성과 내재성을 융합한 사상입
니다. 홍법 대사 공해가 「비밀장엄심」을 설명하면서,

　　「五相五智法界體　　四曼四印此心陳
　　刹塵渤馱吾心佛　　海滴金蓮亦我身」

　「즉신성불의 수행도인 5상相과 5지智와 법계체,
　4종 만다라와 4종의 지인智印은
　모두 이 마음[비밀장엄심]에서 설하는 것이다.
　세계를 미진으로 한 만큼 한없는 불부佛部의
　제불은 모두 「내 마음의 부처」이고,
　바닷물을 물방울로 한만큼 한없는 금강부와
　연화부의 제불은 또한 「내 몸의 부처님」이다.

　　　　　　　　　　　　　　『비장보약』 『비밀장엄주심』

라고 했습니다.

「5상相」이라는 것은 진언밀교에서 수행자가 대일여래와 본질적으로 일체임을 깨닫게 하는 관법으로 5자엄신관五字嚴身觀:태장법과 5상성신관五相成身觀:금강계법이 있습니다. 그중에 ①통달보리심通達菩提心 ②수보리심修菩提心 ③성금강심成金剛心 ④증금강신證金剛身 ⑤불신원만佛身圓滿의 다섯 단계를 순차로 관상觀想하는 것을 「5상성신관」이라 합니다.

「5지智」는 대원경지 · 평등성지 · 묘관찰지 · 성소작지 · 법계체성지를 말하는데, 이는 추상적인 개념이 아니라 모두 구체성을 지닌 아촉불 · 보생불 · 아미타불 · 불공성취불 · 대일여래불 등 5불의 지혜로써 표현됩니다. 그리고 『즉신성불의』에 「부처님佛이 6대六大를 설하여 법계체성이라 하였다.」고 하였듯이 6대를 법이라고 보고 동시에 부처님佛이라고 봅니다.

「4만」이라고 하는 것은 4종만다라를 말하는데, 모든 만다라라는 뜻이고, 4인印은 4만曼과 같은 것이라 다른 표현으로 「4인」이라고 합니다. 그러므로 5상 · 5지 · 6대체대의 법계 · 4종만다라 등은 모두 내 마음 즉 비밀장엄심 속에 나열되어 있습니다. 「찰진」이라는 것은 헤아릴 수 없다는 의미입니다. 「부태[발태]」는 불타佛陀를 말합니다. 범어 붓다buddha를 음사한 것 가운데 하나입니다. 즉 티끌 수처럼 헤아릴 수 없이 많은 부처님이란 바로 「내 마음의 부처님」이라 합니다.

또한 해적海滴이란 넓고 넓은 바다라는 것도 하나하나의 물방울로써 이루어졌기 때문에 이것도 셀 수 없습니다. 금·련金蓮은 금강부와 연화부 즉 부처님을 가리키고 있는데, 결국 대해를 물방울로 세는 만큼이나 많은 금강부·연화부 등 모든 부처님은 또한 내 몸이라고 합니다. 그러므로 만다라의 제불은 모두 내 몸과 마음속에 있다고 합니다.

이러한 공해 대사의 사상에서 보면 결국 부처님은 초월적이지만 내재적입니다. 만다라는 객관적이고 초월적인 것으로 보이지만 또한 주체적이고 내재적인 내 마음의 만다라라고 생각할 수 있습니다. 이것은 대단히 의미 깊은 사상이라고 봅니다.

[별존만다라 別尊曼茶羅]

지금까지 살펴본 것은 양부만다라로써, 그것은 전체적인 만다라이지만 그것에 대하여 「별존만다라」라고 하는 것이 있습니다.

「별존만다라」는 어느 특정의 1존을 중심으로 하고 그들 권속과 관계있는 제존을 배대하여 하나의 만다라를 구성한 것입니다. 예를 들면 존승만다라·약사만다라·아미타만다라·석가만다라 등 여러 가지가 있습니다. 석가모니 부처님을 중심으로하여 십대제자를 배치하면 「석가만다라」가 됩니다. 또한 미륵만다라·보현만다라·이취경만다라 등도 있습니다.

이 별존만다라는 얼마든지 확대시킬 수 있습니다. 예를 들면 정토종에서는 본래 만다라라는 개념이 없지만 만다라의 사상을 받아들여서 「정토만다라」가 있습니다.

문학의 세계에서도 만다라라고 하는 말이 자주 쓰이고 있습니다. 그러한 의미에서 만다라라고 하는 사고방식은 우리들의 구체적인 생활 경험 속에서 그리고 사람들의 집단 속에서의 여러 가지 존재 양식 등 아주 가까운 형태로 받아들여지고 있습니다. 만다라는 본래「부처님의 세계」를 가리키는 것이지만 지금 문학적으로는「인간의 세계」를 가리키고 있고, 더욱이 만다라라고 하는 말은 거의 국제어가 되었다고 해도 좋은 정도입니다.

제5.

진언밀교의 인간관

앞 절에서 진언밀교의 불타관에 대해서 고찰했는데, 이어서 진언밀교의 인간관에 대해서 살펴보고자 합니다. 우리에게 있어서 종교란 무엇인가. 사람들은 누구나 살아가면서 한 가지의 종교를 신앙하게 되는데, 그것은 근본적으로 인간과 붓다, 인간과 신神이라고 하는 문제가 됩니다. 이러한 복잡한 문제를 진언밀교에서는 어떻게 생각하고 있느냐는 것이 다음의 문제입니다.

1. 홍법 대사의 구법의 중심과제

실마리를 풀어가기 위해 먼저 홍법 대사 공해의 구법의 중심과제가 무엇이었는가를 살펴보기로 하겠습니다. 공해 대사는 밀교 수행자로서 대성한 사람이지만, 밀교 수행자인 공해 대사는 무엇을 구법의 중심으로 생각하고 있었을까? 젊은 공해 대사의 왕성한 에너지가 종교 쪽으로 향하고 있는데 무엇을 진지하게 생각하고 있었던 것일까? 이러한 문제에 대해 언급한 공해 대사 자신의 문장이 있습니다.

「제자 공해空海의 성훈性薰이 나를 권하여 환원還源을 생각하게 했다. 길徑路을 알지 못하여 갈림길에서 몇 번이나 눈물을 흘렸다. 그 정성에 감응이 있어 이 비문秘門을 얻었으나 문文에 임해서 마음이 혼미하여 적현赤縣[唐]을 찾아갈 수 있기를 간절히 원했다. 나의 원에 하늘이 따라 주어 대당大唐에 들어갈 수가 있었다.」『성령집』권7

여기에서「성훈이 나를 권하여」라고 하는 것은 자신의

마음속에 심겨 있는[훈습된] 마음[보리심, 마음의 근저에 있는 것]을 움직여 환원을 일편단심으로 생각하게 되었다고 하였습니다. 「환원」이란 근원에 돌아간다는 것이기 때문에 이것은 매우 중요한 말입니다. 근원이란 깨달음의 본원, 청정한 마음이라는 의미가 있습니다. 청정한 마음[보리심]에 어떻게 되돌아갈 수 있을까, 또는 어떻게 하면 깨달음의 경지에 도달할 수가 있을까 하는 그것만을 생각하고 있었다는 뜻입니다.

그런데 「길을 알지 못했다」는 것은 여러 갈래의 길이 나누어져 있는 갈림길에 서서 어느 쪽으로 가면 좋을지를 몰라서 몇 번이나 울면서 고민했다고 합니다. 이것은 공해 대사가 젊을 때 나라奈良의 불교를 여러 방면으로 공부했으나 유식의 법상종에서도, 중관의 삼론종에서도, 화엄종·율종에서도 자신이 참으로 구하고 있는 것을 구할 수 없다는 것을 탄식하는 말입니다. 공해 대사의 말에 「괴롭다」든가 「슬프다」는 말은 여러 번 나오고 있는데, 「울었다」고 하는 말은 여기 밖에 없습니다. 그러나 「정성에 감응이 있어 이 비밀의 문을 얻었다」고 하는 것은 『대일경』을 가리키고 있습니다. 밀교 특히 『대일경』을 손에 넣을 수 있었습니다. 그런데 「문에 임해서 마음이 혼미했다」고 합니다. 공해 대사만큼 뛰어난 사람이라도 글을 읽고는 이해할 수 없는 곳이 있었으니, 그것은 밀교의 진언, 수법, 만다라, 관정의식 등 여러 가지가 쓰여 있으므로 확실히 읽기만 해서는 이해할 수 없습니다. 그래서 적현[중국의 당나라]에 가서 구법하고 싶다고 생각했던 것입니다. 그러나 「사람의 원에 하늘이 따라 주었다」라고 한 것은 다행하게도 조정에서 허락하여 공해 대사 31세 때 중국[唐]에 갈 수 있었다는 문장입니다.

간단한 문장이지만 공해 대사가 젊은 시절에 무엇을 진지하게 구했는가를 분명하게 밝혀 주고 있습니다. 즉 「환원을 생각했다」고 하는 말이 매우 중요한 비중을 가지고 있습니다. 이것은 근원에 돌아간다는 말인데 어딘가 특정의 부처님 세계 즉 극락세계 또는 도솔천의 정토에 간다든가, 자신을 초월한 무엇인가를 구한다는 의미가 아닙니다. 오히려 자신의 마음을 깊이 파고 들어간 가운데 깨달음의 경지에 도달할 수 있는지 없는 지를 생각했다는 것입니다. 그러므로 공해 대사의 종교적인 출발점은 「자기를 응시한다」로 보아도 좋습니다.

2. 미오적 존재로서의 인간

공해 대사에 있어서 인간이란 미오적迷悟的 존재입니다. 즉 미망의 상태만이 아니고 깨달음의 가능성도 있습니다. 그 가운데 어느 쪽에 좀 더 중심을 두는가 하는 문제를 추구해 가고 있습니다.

『반야심경비건』의 서문에

「대저 불법[佛法;깨달음의 지혜. 菩提]이라는 것은 우리를 떠난 먼 곳에 있는 것이 아니고, 바로 우리 마음 가운데 본래 있는 것이기 때문에 지극히 가까운 곳에 있다. 진여[眞如; 깨달음의 진리. 涅槃]도 우리의 마음 이외에 다른 것이 아닌데 마음이 머무는 우리 몸을 돌이켜 보지 않고 도대체 어디를 찾고 있는가. 미혹도 깨달음도 모두 우리 안에 있으므로 깨달음을 구하는 마음을 일으키기만 하면[發菩提心] 반드시 깨달음에 도달할 수가 있고, 진여 지혜의 빛도 번뇌의 어두움도 우리 몸 이외에 다른 곳에 따로 있는 것이 아니므로 믿고 수행하면 마침내 깨달음을 얻을 수가 있다.」

라고 하는 유명한 글이 있습니다.

　미혹[暗]도 깨달음[明]도 우리 마음속에 있으므로 발심하고 믿음을 깊게 하여 수행하기만 하면 깨달음의 경지에 도달할 수 있다는 것입니다. 인간의 마음 활동에는 선심과 악심의 양면이 있으므로 선도 생각할 수 있고 악도 생각할 수 있습니다. 미혹에는 여러 가지 번뇌·망상이 있습니다. 그것을 탐·진·치라고 하는 삼독三毒의 번뇌라고 하기도 합니다. 유식사상에서는 선善의 마음은 11가지 있고, 악의 마음에는 6근본번뇌, 20수번뇌隨煩惱 등으로 분석하고 있습니다. 따라서 공해 대사는 그러한 유식사상을 통하여 마음의 활동문제도 충분히 이해하고 있었다고 봅니다.

3. 마음의 본성 탐구

마음의 본성을 어떻게 생각하면 좋은가. 마음의 본성을 깊이 파고 들어 탐구해 가는 거기에 「환원還源」이라 하는 것이 있습니다. 더구나 공해 대사가 왜 『대일경』을 읽고서 놀랐는가 하면 「여실지자심如實知自心」이라는 말이 있었기 때문입니다.

깨달음이란 무엇인가. 자심自心은 자기 마음의 본성이라는 뜻으로, 여실히 있는 그대로 자기 마음의 본성을 확실히 보고 그 경지에까지 도달하는 것입니다. 공해 대사는 「여실지자심」이라는 말에 매우 마음이 끌렸다고 합니다. 결국 「환원을 생각한다」는 것과 「여실지자심」은 같은 의미입니다. '바로 이것이다.' 하고 공해 대사가 놀란 눈으로 『대일경』을 읽었으리라고 상상이 됩니다. 달리 표현하면, 자기를 깊이 응시하여 마음의 본성이란 결국 청정한 것이라는 것을 깨닫고 그런 깨달음에 의해 '진실한 자기', '참다운 나' 라는 것을 보기 시작했습니다. 그뿐만 아니라 공해 대사는 거기에서 더 나아가 성불成佛을 목표로 했습니다. 수행자가 목표로 하는 것이 바로 성불 그 자체이기 때문에, 공해 대사에 있어서는 결국 성불할 수 있는지 없는지 하는 그 성불의 가능성에 대한 문제가 큰 문제로 떠오르게 되었습니다. 불교의 수행으로 성불할 수 있는가 성불할 수 없는가 또는 빨리 성불하는가 더디게 성불하는가 하는 복잡한 문제를 공해 대사는 자신의 마음을 깊이 파고들어 가며 생각했습니다.

4. 심성본정心性本淨의 사상

『대일경』의 「여실지자심」은 마음의 본성은 본래 청정함을 밝힌 것이라고 했는데, 그것이 『대일경』에만 있는 사상은 아닙니다. 그 사상의 원류는 거슬러 올라가서 중기 대승불교사상의 흐름에서 밀교의 『대일경』이나 『금강정경』에 흘러든 긴 사상의 흐름이 있고 그것은 불교사상의 가장 중요한 본류를 이루고 있음을 알 수가 있습니다.

「심성본정 객진번뇌心性本淨客塵煩惱」라는 유명한 말이 많은 경전 속에 나오고 있는데, 마음의 본성은 어떤 것이며 미혹과의 관계를 어떻게 생각하면 좋은가 하는 문제를 한마디로 명확히 대답한 것이 「심성본정 객진번뇌」입니다.

객진이란 주인과 손님, 중심적인 것과 밖에서 들어 온 것이라는 식으로 미오적이지만 마음의 구조[중심]를 청정심淸淨心의 쪽에 둡니다. 청정심의 둘레에 미혹의 마음이 있고, 더욱이 그것을 곁에서 보게 되면 모두 번뇌에 둘러싸여 있는 마음이라는 것입니다. 객은 「딴 곳에서 날아왔다」[agantuka]고 하는 산스크리트어의 의미가 있는데, 예컨데 아침에는 깨끗한 책상이지만 문을 열어두면 강한 바람이 불어 먼지 티끌이 날아 들어와 떨어져 있다는 것이 「객진번뇌」입니다. 번뇌라고 하는 미혹의 마음이 갖가지로 나오더라도, 그것은 그 사람에 있어서 본래적인 것이 아니고 여러 가지 경험 속에서 욕심이나 미혹이 일어나서 남을 미워하거나 여러 가지 악행을 하게 됩니다. 결국 딴 곳에서 날아온 티끌처럼 번뇌가 쌓이고 쌓이면 어떻게 할 수 없는 미혹한 마음의 인간으로 되어버린다는 견해입니다.

『열반경』에도 여러 가지 중요한 사상이 있는데, 그 가운데 하나가 「일체중생 실유불성―切衆生悉有佛性」입니다. 이는 어떠한 사람에게도 불성이 있다고 하는 말입니다. 미혹한 사람, 나쁜 사람, 도무지 성불할 수 없을 것 같은 극악한 사람[―闡提iccantika], 그런 사람에게도 불성은 있으며 부처님이 될 가능성은 반드시 있다는 뜻입니다. 그래서 모든 것은 「일체개성불―切皆成佛」이라 합니다. 대승불교의 일승사상―乘思想은 모두 이러한 태도를 보이고 있습니다.

또 「여래장如來藏」이라는 사상이 있습니다. 『여래장경』과 『승만경』이 이 계통에 속하고 그 밖에도 몇 가지 중요한 문헌이 있습니다. 여래장 사상은 인간을 여래장적인 인간으로 파악합니다. 즉 사람은 미혹하지만 여래장[如來胎]이 그 마음의 깊은 곳에 자리하고 있으므로 언젠가 여래[부처님]가 될 가능성을 가지고 있다고 보는 것이 여래장 사상입니다. 이것은 누구에게나 공통하며 누구든지[일체중생] 부처님의 태아胎兒를 간직하고 있다는 뜻입니다. 역설적으로 말하면 모든 사람은 부처님의 장[여래장] 속에 둘러싸여 있다고도 할 수 있습니다.

요컨대 이 여래장 사상도 인간과 부처님과의 관계를 어떻게 생각할 것인가 하는 문제이고, 그것을 「여래장」이라고 하는 말로 표현하고 있습니다.

또한 『대승기신론』과 그 주석서라고 하는 『석마하연론』에는 「본각사상本覺思想」이라는 것이 설해져 있습니다. 「본각」이란 「본래 깨달아 있는 마음」이라는 의미입니다. 그리고 「보리심」 「자성청정심」 등을 설하는 경전도 있습니다. 밀교 이전의 중기 대승불교 시대에 등장한 많은 경전이나 논서를 보면 이러한 사상이 매우 많이 나타나고 있습니다.

결국 인간의 마음 깊은 곳에 성불의 가능성이 있다는 것을 논증하기 위해 이러한 여러 가지 사상이 계속해서 나오게 됩니다. 한마디로 여래장 계통의 사상이라고 할 수 있는데, 그 사상이 그대로 밀교 사상 속에 계승되어 왔습니다. 그것이 『대일경』과 『금강정경』이고, 그러한 사상의 흐름이 중국 밀교에서 공해 대사로 이어져 온 것입니다.

5. 깨달음이란 - 비밀장엄심·마음의 만다라

　결국 깨달음을 목표로 하는 것이 불교인의 수행 목적인데, 그 깨달음이라는 것은 『대일경』에 의하면 「여실지자심」이라고 합니다. 그리고 「자심의 근저를 깨닫는다」고 하는 말을 공해 대사가 사용하고 있습니다. 이것은 『비밀만다라십주심론』에 나오는 말인데, 「자심의 근저를 깨닫는다」는 자기 마음의 근저에 있는 가장 청정한 마음을 깨달아 그 마음이 됩니다. 그것을 깨달음이라고 합니다. 깨달음이란 자신의 마음속의 문제입니다. 이것은 앞에서 언급한 「환원을 생각한다」는 말에 연결되어 있는 생각입니다.

　공해 대사의 저술을 읽어 보면 자심自心속에 부처님이 있다는 뜻의 「자심불自心佛」이라는 말이 여러 번 나오고 있습니다. 자기 마음의 본성인 부처님, 그러한 것을 자각하는 것이 곧 깨달음입니다. 그 깨달음의 마음은 달리 표현하면 십주심사상 가운데 제10 「비밀장엄심」이고 또한 「마음의 만다라」라고 합니다.

　만다라는 부처님이 모여 있는 모습인데 그 만다라는

바로 마음의 만다라입니다. 비밀장엄심이란 마음의 만다라이며, 부처님이 자기 마음 밖 또는 자기 몸 이외에 따로 있는 것이 아니라는 의미입니다. 그러므로 부처님도 절대타자라든가 절대인 초월자로 보는 것이 아니고 「내재적인 붓다佛가 곧 나의 부처님」이고 또한 「마음의 만다라」라고 하는 견해입니다. 이처럼 공해 대사는 한결같이 마음의 문제를 깊이 파고 들어가 자신의 사색 속에 자리 잡았습니다. 그리고 그것을 많은 저술 속에 전개하고 있습니다.

6. 범성불이凡聖不二

공해 대사의 인간관의 요체要諦는 범성불이凡聖不二;범부와 성인이 둘이 아님]에 있다고 하겠습니다.

「범凡」은 범부, 즉 미혹한 사람이라는 의미이고, 「성 聖」은 깨달은 사람 부처님을 말합니다. 사람과 붓다佛가 둘이 아니며 각각이 아닙니다. 또한 그것을 사람과 붓다 와의 일여一如라고도 합니다. 그러한 인간관을 공해 대사 는 확립하고 있습니다. 진언밀교의 인간관은 사람을 응 시하면서 사람 속의 붓다를 봅니다. 인간관과 붓다관은 서로 상즉하여 전혀 별개가 아닙니다. 인간의 마음을 깊 이 파고 들어가서 붓다를 발견하고, 붓다를 응시하면서 「마음의 만다라」라고 하는 곳을 되돌아온다는 것입니 다. 그것이 공해 대사의 기본적인 입장입니다. 인간의 존엄성, 사람을 존중하는 것은 사람에게 그러한 보리심 이 있고 불성佛性이 있기 때문입니다. 이러한 인간관이 확립된다는 것은 이미 그 속에 성불의 가능성을 포함하 고 있음을 말합니다.

공해 대사의 즉신성불 사상의 근저에는 공해 대사의

인간관이 가로 놓여 있습니다. 그러한 사상이 없고서는 갑자기 성불한다든가 즉신성불이라고 말하더라도 쉽게 이해가 되지 않을 것입니다. 그러므로 공해 대사의 즉신성불 사상이 성립하게 된 근저에는 공해 대사의 인간관이 있다는 것을 간과해서는 안 됩니다.

如來의 智身이신 文殊師利

ㄱ. 자심불사상自心佛思想

자심불의 사상에 대해서는 앞에서도 약간 언급했기 때문에 여기서는 공해 대사의 두세 가지 문장을 예로 들어보겠습니다.

「만약 자심을 알면 곧 불심을 알게 되고, 불심을 알면 곧 중생심을 알게 된다. 자심과 불심과 중생심의 세 가지 마음이 평등하다고 아는 것을 큰 깨달음[大覺]이라고 이름한다.」『성령집』권9

「삼심평등[三心平等]」은 자신의 마음, 중생[사람들]의 마음, 부처님의 마음이 모두 평등하여 다름이 없다는 것이고, 그것을 아는 것을 「대각[大覺;부처님. 깨달은 자]이라고 이름한다」고 합니다. 이것은 밀교상승의 제7대 조사 혜과 아사리의 말이기도 하고, 화엄華嚴의 사상이기도 합니다. 불교사상의 흐름 속에 면면히 전해지고 있는 하나의 사고방식입니다.

부처님을 안다는 것은 완전히 부처님의 마음이 되어

버린다는 것이고, 완전히 붓다가 되어버린다는 것은 중생[사람들]의 마음도 역시 알게 되어 하나가 되어버린다는 것입니다. 삼심평등은 이처럼 붓다의 마음과 내 마음 그리고 많은 사람의 마음은 모두 구별 없이 평등하고, 그렇게까지 알고 있는 것은 단지 부처님뿐이라는 말입니다. 우리는 일반적으로 삼심이 모두 다르다고 생각하고, 부처님도 아득히 먼 곳에 계신다고 생각하고 있습니다. 그러므로 우리가 삼심은 평등하다는 말을 아는 것은 쉽지 않지만, 부처님만은 그런 평등의 태도를 보인다는 것입니다.

「중생의 체성體性과 제불의 법계는 본래 한 맛[一味]이어서 모두 차별이 없다. 중생은 깨닫지 못하여 장야長夜의 고통을 받으며, 제불은 잘 깨달아 항상 안락하다. 그러므로 중생으로 하여금 속히 심불心佛을 깨닫게 하고 조속히 본원에 돌아가도록 하고자 이 진언의 법문을 설하여 미방迷方의 지남指南이 되게 하였다.」(『平成天皇灌頂文』)

요컨대 중생[미혹한 사람들]의 체, 제불의 세계는 본래 일미[평등]여서 차별이 없지만, 중생은 그것을 깨닫지 못하고 있으므로 무명의 장야에 고통을 받고, 제불은 그것을 잘 깨닫고 있으므로 항상 안락하다는 뜻입니다. 그리고 그 때문에 미혹한 사람들에게 우리 마음속에 본래 부처님이 있다는 것[心佛·自心佛]을 깨달아 속히 마음의 근본으로 되돌아가게 하려고, 즉 깨달음의 경지에 빨리 돌아가게 하려고 이 진언의 법문(『대일경』 등의 가르침)을 설하여 길을 잃고 있는 자에게 깨달음의 방향을 가리켜 보인 것입니다.

여기서도 「심불心佛을 깨닫는다」든지 「본원에 돌아간다」라고 하는 표현은, 깨달음이 딴곳에 있는 것이 아니라 그 사람 마음의 근본으로 돌아감이 바로 깨달음이라는 의미입니다. 이것과 비슷한 내용으로 다음과 같은 문장도 보입니다.

「또한 광인狂人이 독이 해소되어 문득 귀택歸宅의 마음을 일으키고, 나그네[遊客]가 일이 끝나서 홀연히 고향 생각을 일으키는 것과 같이 보리심을 구하는 마음도 또한 이와 같다. 이미 알지 못하고 광취狂醉하여 삼계의 감옥에 머물러 있고 깊이 잠들어 육도의 풀 섶에 누워있다. 어찌하여 신통의 수레[神通乘;眞言乘]를 몰아 속히 본각 장엄의 자리에 돌아가려 하지 않는가.」(『삼매야계서』)

「광인이 독이 해소되어 문득 귀택의 마음을 일으킨다」는 것은 독으로 정신을 잃은 사람이 독을 제거해 버리면 갑자기 미혹에서 깬 마음으로 돌아온다[귀택의 마음을 일으킨다]는 것입니다. 「나그네[遊客]가 일이 끝나서 홀연히 고향 생각을 일으킨다」라고 한 것은, 여행하는 사람이 여행이 끝나서 문득 내 집 또는 고향을 그리워하여 빨리 돌아가려고 하는 것처럼 보리심을 구하는 마음도 그와 같다는 뜻입니다.

그리고 마음이 미혹하여 삼계[욕계·색계·무색계]의 미혹 세계 속에 있고, 또한 미혹의 세계인 육도[지옥·아귀·축생·수라·인·천]를 풀숲으로 표현하여 그런 미혹의 세계에 깊이 잠들어 있다고 경계하고 있습니다. 그러므로 미혹한 사람들을 구하기 위해서는 신통력으로 다시 말하면 진언밀교의 가장 빠른 수레[神通乘]에 태워서 속히 본래 깨달은 삶[비밀장엄심]으로 돌아가도록 해야 한다. 즉 미혹해 있다면 곧바로 깨달음으로 돌아가지 않으면 안 된다고 했습니다. 여기서도 「본원本源에 돌아간다」든가 「귀택의 마음」이라는 표현이 있습니다.

이와 같은 일련의 문장 모두 범성불이凡聖不二 또는 생불일여生佛一如의 인간관을 근저로 하면서 성불의 가능성을 밝히고 있습니다. 공해 대사의 인간관은 붓다관과 겹쳐져 있으므로 인간관을 추구하면 곧 붓다관과 교차하고, 붓다관을 탐구하면 인간관과 마주치게 됩니다. 이 사상이야말로 불교사상의 가장 근본적인 사상이라고 할 수 있습니다.

제6.

즉신성불의 길 -진실한 삶의 길

종교적인 입장에서 밀교를 관찰할 때, 신앙의 대상[佛陀觀]과 신앙하는 사람[人間觀]과 사람이 살아가는 세계[世界觀]를 어떻게 해명할 것인가 하는 문제가 있습니다. 사람이 살아가는 세계가 있으므로 그 세계를 어떻게 생각할 것인가 하는 문제도 당연히 생깁니다. 그 속에서 사람이 어떠한 생활을 하고 어떠한 종교적 수행을 하고 무엇을 목표로 하고 살 것인가 하는, 종교체계 또는 종교의 기본구조로써의 문제가 함께 있습니다. 여기서는 사람과 붓다의 관계에 있어서 사람이 어떻게 하여 즉신성불의 길로 나아갈 것인가 하는 문제를 다루어 보겠습니다.

1. 귀의삼보

진언밀교든 선종[조계종·조동종 등]이든 정토종이든 어떠한 종파라도 불교인 한, 「귀의삼보」라고 하는 기본적인 귀의의 방법이 있습니다. 그것은 귀의불·귀의법·귀의승의 세 가지입니다.

석가모니 부처님이 가르침을 설하여 5비구가 최초의 제자가 되었습니다. 석가모니 부처님을 포함하여 전부 여섯 사람이 되었을 때, 그것이 최초의 불교교단입니다. 그 이후 불교 신자가 되는 사람은 반드시 '부처님에게 귀의합니다[귀의불], 부처님의 가르침에 귀의합니다[귀의법], 청정한 승가에 귀의합니다[귀의승]' 라고 하는 말로 삼보에 귀의합니다.

이미 인도에 이러한 전형이 있었는데, 불교가 발전하며 신앙하는 사람은 언제나 삼보에 귀의하는 것으로 정해졌습니다. 지금도 남방불교에서는 빠알리어[Pali語] 그대로 외우고 있습니다. 우리나라에서도 불교 집회에서는 반드시 삼귀의를 외우는 것이 전례로 되어 있습니다.

그런데 홍법 대사의 저술을 보면 형식은 삼보에 귀의

하는 것이지만 그 가운데 부처님에게 귀의할 때는 「만다라에 귀의한다」라고 되어 있습니다. 밀교이기 때문에 그점이 약간 차이가 있을 뿐입니다. 밀교에서 가장 기본적인 것이 만다라이므로 태장계와 금강계의 만다라[즉 諸佛]에 귀의합니다. 또한 아미타여래 · 대일여래 · 약사여래등을 본존으로 하여 귀의하는 예도 있습니다. 그러므로 밀교에서는 그러한 1존에게 귀의하는 예도 있고 만다라에 귀의하는 예도 있으므로 어느 쪽이라도 부처님에게 귀의하는 형태입니다. 아무튼 삼보에 귀의하지 않으면 밀교의 신자가 될 수 없습니다. 이것이 밀교의 수행, 「즉신성불의 길」에 있어서 가장 기본적인 문제입니다.

2. 발보리심

다음이 「발보리심」입니다. 보리심을 일으킨다는 것은 가장 최초의, 가장 기본적인 문제입니다. 발보리심이 없으면 진정한 신자가 될 수 없기 때문입니다. 「희고 깨끗한[白淨] 신심을 일으켜 무상의 보리를 구한다」는 표현처럼, 즉 참으로 위 없는[無上] 깨달음을 얻기 위해 신심을 일으키는 것, 그것이 「발보리심」입니다.

「발보리심」이라는 말은 밀교에만 있는 것이 아닙니다. 대승불교 보살도의 출발점으로 보살이 수행하고 보살임을 자각하는 원점은 보리심을 일으키는 것에 있습니다. 거기에서 자리이타의 여러 가지 보살의 수행이 시작됩니다. 밀교도 역시 발보리심이 가장 기본이 됩니다. 그 보리심을 일으킬 가능성은 앞 절의 인간관에서 이미 살펴본 그대로입니다.

발보리심에는 내재적인 가능성[內緣]과 외적인 동기[外緣]가 있습니다. 내연 즉 안으로의 직접적인 연이라는 것은 보리심의 씨앗[種子], 다시 말하면 본래의 청정심을 말합니다. 그 청정심을 끌어낼 수 있습니다. 그것을 끌어낼 때 외연 즉 외적인 여러 가지 동기가 더해지면서 보리심을 일으키는 것입니다.

이 보리심의 「인과 연」은 밀교 이전의 『유가사지론』 「보살지」에 설해져 있습니다. 보리심의 발심 문제는 밀교 이전의 대승불교에서 충분히 연구되어 있고, 밀교의 세계에 그대로 계승되었다고 보아도 좋습니다.

3. 보리심계를 지킴 - 삼매야계

(1) 보리심계[삼매야계]의 의미

다음에는 「보리심계를 지킨다」는 것은 확실히 밀교적인 문제가 됩니다.

보리심에 계율의 「계」라고 하는 말을 덧붙여 「보리심계」라고 하고, 보리심이 있음을 언제나 잊지 않도록 마음에 경계하고 맹세하는 것입니다. 그것이 밀교를 신앙하는 사람의 기본임을 강조하고 있습니다. 계戒는 보리심을 반드시 지키는 것입니다. 보리심을 잠시도 잊지 않는 것, 그것이 「보리심계를 지킨다」라는 것입니다.

「삼매야계」라고 하는 예도 있습니다. 삼매야는 본서本誓・제장除障・경각警覺의 뜻을 가지며 범어 「사마야samaya」의 음사어로 평등계不等戒16)라고도 합니다. 그것은 부처님과 나, 즉 우주의 이법과 우리 인간의 이성이 본래는 일체평등함을 말합니다. 자신의 마음을 깊이 파고 들어

16) 삼매야계에 대한 티베트 역어는 dan tshig dan sdom pa담칙당 돔빠라고 한다. 여기서 담칙dam tshig은 〈서원〉samaya에 해당되고, 돔빠sdom pa는 〈차제遮制〉sila이다. 중간에 있는 당dan은 접속사 〈~과〉에 해당된다. 그러므로 티베트어로 〈삼매야계〉는 〈서원과 차제〉 혹은 〈이념과 규범〉이라는 두 개의 내용으로 이루어진 술어임을 알 수 있다. - 譯註

가면서 부처님과 다름없는 나[我]를 확신하는 것입니다. 나에게 보리심이 있다고 하는 것은 바꿔 말하면 부처님과 다름없는 나라고 하는 자각입니다. 그것을 잠시도 잊어서는 안 된다는 것이 보리심계이고, 또한 그것이 「보리심계」를 언제나 단단히 지키는 것이 됩니다. 밀교에서는 보리심계[삼매야계]를 지키는 것을 매우 강조하고 있습니다.

(2) 보리심계를 갖추는 방법

이처럼 보리심계는 중요하지만, 누구나 처음부터 몸에 배도록 완전히 갖춰지는 것은 아닙니다. 좋은 것이라면 그것을 완전히 제 것으로 갖추고 싶어 하면서도 실제는 그렇게 되지 않아서 어떻게 하면 좋을까 생각하는 경우가 있습니다.

① 문신聞信

보리심계를 갖추는 한 가지 방법으로 「믿음을 가지고 듣는 것」[聞信]이 있는데, 법문을 듣지 않으면 알 수 없다는 것입니다. 불법佛法은 무엇보다도 듣는 것이 입신入信

의 첫 문이 됩니다. 이것은 밀교에서만이 아닙니다. 훌륭하고 좋은 가르침을 듣고 보리심을 일으켜 그것을 언제나 지켜나가려고 하는 노력이 중요합니다. 또한 『대일경』 등의 경전을 열심히 읽고 마음에 새겨두는 것도 중요한 일입니다. 「문·사·수의 삼혜三慧」라는 것이 있는데 그 가운데 가장 먼저 있는 것이 문聞, 즉 들어서 얻는 지혜입니다. 「문신」, 훌륭하고 좋은 가르침을 듣고 깊이 생각하고 실천·수행하게 되면 반드시 들었던 그것을 실증實證하게 됩니다.

② 수계受戒

좀 더 직접적인 것이 있습니다. 수계작법受戒作法에 의해서 보리심계를 받는 것이 더 좋은 방법입니다. 홍법대사는 입당 구법할 때에 혜과 아사리로부터 먼저 보리심계를 받고 그다음에 전법관정傳法灌頂을 받았습니다. 진언종의 수행자가 되기 위해서는 반드시 먼저 보리심계[삼매야계]를 받은 다음 관정을 받게 되어 있습니다. 또한 「자서득계自誓得戒」라고 하는 것도 있습니다. 이것은 자신이 마음속으로 맹세하고 스스로 획득하여 자신에게도 절대

적인 보리심이 있다는 것을 잊지 않겠다고 부처님께 맹
세하면 그것으로도 좋습니다. 그러나 실제로 웬만큼 의
지가 강하지 않고서는 어려운 일입니다.

⑶ 보리심계를 지키는 의미

보리심계를 지키는 것에는 어떠한 의미가 있는지를
살펴보겠습니다.

첫째로 우리 마음의 본성을 탐구하여 거기에 보리심
또는 자심불自心佛이 있음을 자각하고 나아가서는 인간성
의 존중이 보리심계를 지키는 데 있음을 알 수 있습니다.

좀 더 달리 표현한다면 보리심계를 지킨다고 하는 것
은 사상적으로는 범성불이凡聖不二, 즉 붓다와 내가 별체別
體가 아니라고 하는 인간관을 언제나 확립하고 있는 것입
니다. 그리고 실천적으로는 일상생활 속에 십선계十善戒
를 지키고 여러 가지 선행을 적극적으로 행하는 것, 또
는 성불을 위한 수행에 힘쓰는 것이 기본이 됩니다. 보
리심계를 지키는 의미는 밀교의 신앙생활과 가르침의
실천적인 입장에서도 매우 크고 중요하다고 할 수 있습
니다.

4. 보리심의 내용

보리심의 내용에 대해서 살펴보겠습니다. 공해 대사의 『삼매야계서』를 보면, 보리심을 네 가지 마음[四種心]으로 나누고 있습니다.

(1) 신심信心

첫째가 신심입니다. 신심은 견고하게 믿어서 물러서지 않는 마음인데, 구체적으로는 청정·견고·수순·찬탄·자애가 충만한 마음을 말합니다.(十信을 말함)

(2) 승의심勝義心

보리심은 신심에 해당되지만 승의심의 의미도 갖습니다. 또한 심반야심深般若心이라고도 하는데 이것은 반야의 마음입니다. 승의paramartha는 제일의第一義·진실眞實이라고 번역하며, 최승진실의 도리 또는 훌륭한 지혜의 마음을 말합니다. 그러므로 깊은 반야의 마음·지혜의 마음은 바로 진실한 가르침을 찾아내는 마음입니다. 보리심은 단지 신앙하고 정신적으로 고맙게 여기는 마음뿐만 아니라 보리菩提를 구함에 있어 잘못된 것이 있으면 그것을 제거하고 참으로 진실한 것을 가려내는 반야 지혜의 활동입니다.

(3) 행원심行願心

세 번째는 「행원심」입니다. 이것은 대비심이라고도 합니다. 대비 · 행원이라고 하는데, 서원을 일으켜 대비의 마음으로 이타적인 행을 하는 것도 보리심의 한 측면입니다. 이타행을 하는 근저에 있는 마음은 행원심입니다.

(4) 대보리심大菩提心

마지막은 대보리심인데, 이것은 보리심 그 자체를 두 가지로 나눕니다.

능구能求의 보리심[보리를 구하는 마음]과 소구所求의 보리심[구해지는 보리심]입니다. 소구所求는 깨달음[菩提] 그 자체라는 의미이고, 능구能求는 깨달음을 구하려고 하는 마음을 의미합니다. 구하는 마음과 구해지는 깨달음 그 자체, 이 두 가지의 의미가 보리심 속에 있습니다. 이것은 실제로는 삼마지행三摩地行입니다. 삼마지란 범어로 싸마디

samadhi라고 하는데 선정에 들어서 마음이 몰입 집중이 되고 붓다와 내가 일체화됨을 말합니다. 그러한 행에 의해서 능구의 보리심이 소구의 보리심과 하나가 되는 것입니다. 이러한 대보리심은 특히 밀교에 있어서 가장 중심이 되고 있습니다.

『보리심론』에 있는 내용을 근거로 하면서 좀 더 발전적인 해석을 덧붙여 공해 대사는 네 가지의 마음 - 4종심을 설하고 있습니다.

5. 정보리심淨菩提心을 관하는 방법

(1) 월륜관月輪觀

보리심의 존재를 자각하는 방법은 「정보리심관」인데, 구체적인 방법으로 「월륜관」과 「아자관」이 있습니다. 월륜관은 우리의 정보리심淨菩提心은 청정 결백하여 보름달과 같다고 관하는 관법입니다. 여기에는 일정한 작법이 있습니다. 먼저 월륜본존도月輪本尊圖를 걸어둡니다. 「월륜」은 보리심을 상징합니다. 조용한 방에 정좌[가부좌]하여 자세를 바로 하고 호흡을 고르게 하면서 눈을 반쯤 뜨고[半眼] 마음을 집중하여 청정히 하고 월륜을 바라봅니다. 그리고 점점 깊이 삼매의 경지에 들어가면 청정 결백한 월륜이 그대로 나의 보리심임을 자각하게 됩니다. 결국 월륜을 매개로 하여 내 마음 가운데 정보리심이 존재함을 자각합니다.

진언종의 중흥조인 흥교 대사 가꾸반[覺鑁]은 월륜관과 아자관의 수행을 한 「내관[內觀]의 성자」로 추앙되고 있는데, 이 흥교 대사는 근래산根來山으로 은퇴하고부터는 작은 연못의 물에 비치고 있는 한가을中秋의 보름달을 보고

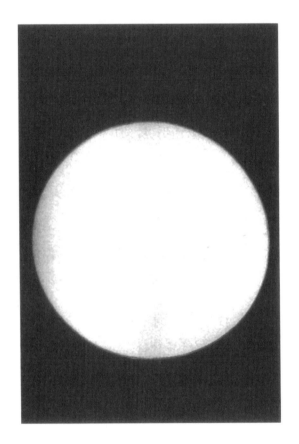

월륜본존도

그 대자연 그대로의 모습에서 단좌하여 월륜관을 닦았다고 하는 유명한 일화가 있습니다. 대자연에 융합되어 청정한 달을 바라보면서 자기 마음의 청정함을 자각하는 것은 실로 한 폭의 동양화처럼 훌륭하고 멋있는 일입니다.

(2) 아자관阿字觀

「아자관」은 범자梵字의 아阿라고 하는 글자를 관하면서 우리들의 마음에 본래 정보리심이 있음을 자각하는 관법입니다. 아阿:A라고 하는 글자는 범어 알파벳의 최초에 있고 또한 범어 알파벳은 모든 소리에 아阿:A의 음가音價를 포함하고 있습니다. 여기에서 철학적으로 아자阿字를 「근원根源」이라든가 「제일원리第一原理」 등으로 생각하게 됩니다. 그리고 아자阿字가 맨 처음에 나오는 단어 가운데 「아누뜨빠다anutpāda」라고 하는 말을 번역하여 불생不生이라고 하는데, 그것을 철학적으로 「아자본불생阿字本不生」이라고 합니다. 그리고 그 근원적인 의미를 확대하여 아자阿字는 대일여래와 보리심을 상징[종자]한다고 생각합니다. 이처럼 아자阿字에는 「본불생의 이치」[理]와 「대일

아자본존도

여래」 그리고 「보리심」이라는 세 가지 의미가 포함되어 있는데, 여기서는 특히 아자를 보리심의 상징으로 보고 아자관阿字觀을 닦습니다.

아자관을 수행할 때는 먼저 아자본존도를 내겁니다. 그 본존도의 중심에는 아자阿字가 있고 그 아래에 연꽃이 있습니다. 연꽃은 아자阿字의 연대蓮臺로 되어 있으나 원래 연꽃은 진흙에서 생장하며 진흙에 물들지 않는 청정무구한 꽃을 피우기 때문에 연꽃도 보리심을 상징하고 있습니다. 공해 대사의 말에 「연꽃을 관하고 희고 깨끗함白淨을 안다」가 있는데 바로 이것을 두고 한 말이라고 봅니다.

그래서 아자阿字와 연꽃이 월륜 가운데 그려져 있습니다. 이 월륜은 앞의 월륜관에서 관하던 보리심을 나타내고 있습니다. 그렇다면 아자본존도는 아자阿字·연꽃·월륜의 세 가지로 구성되어 있고 어느 것이나 모두 깊은 의미가 있습니다. 진언종의 기본적인 사상과 가르침이 이 본존도에 모두 함축되어 있다고 볼 수 있습니다.

아자관阿字觀은 아자본존도를 본존으로 하고 월륜관과 마찬가지로 정좌하여 호흡을 고르게 하고 마음을 통일하여 아자阿字로 상징되는 정보리심이 자신의 마음속에 있음을 자각하며 진실한 자기를 발견합니다. 그리고 그 자각에 의해서 범성불이의 인간관을 확립한다고 하는 커다란 의미를 가집니다.

공해 대사의 『성령집』에 「남녀가 만약 일자一字를 지니려면 아침마다 한결같이 자심自心의 궁전을 관하라.」『성령집』 권1라고 한 말이 있습니다. 일자라고 한 것은 아자阿字를 말하고, 아자관을 닦아서 자기 마음의 본래 모습, 자심불[自心佛;자기 마음의 부처]을 관하라는 말입니다.

아자관은 밀교선密敎禪 또는 일자선一字禪이라고도 합니다. 고야산에는 아자관 도량이 있습니다. 그러나 아자관은 누구든지 가정생활 속에서 아침 한때에 닦는 것이 바람직합니다.

6. 사중금계四重禁戒

보리심을 잊어서는 안 된다는 것을 중심으로 지켜야 할 네 가지 조항을 설하고 있는데, 그것을 「4중금계」라고 합니다. 이것은 『대일경』에도 『금강정경』에도 설해져 있어서 자못 밀교의 독특한 계戒라고 할 수 있습니다. 더욱이 대승불교의 좋은 점을 잘 모은 계라고 할 수 있는데, 그 내용은 다음과 같습니다.

(1) 대승의 가르침을 비방해서는 안 된다.

첫째는 대승의 가르침을 비방[謗法]해서는 안 된다는 것입니다. 대승의 가르침을 비방한다는 것은 법을 비방하는 죄[謗法罪]가 되기 때문입니다. 『법화경』에도 이러한 방법죄[謗法罪]를 설하고 있습니다. 불자가 부처님 가르침, 대승의 가르침을 비방한다는 것은 도저히 있을 수 없는 일이기 때문입니다. 불교신자가 자신의 가장 기본적인 가르침을 좋지 않은 것, 소용없는 것[hīnayāna]이라고 함은 자신이 그 가르침에서 제외되고 벗어나 버리는게 되기 때문입니다. 이것은 밀교보다도 오히려 대승불교적인 분위기가 강한 것이라 할 수 있습니다.

(2) 보리심을 버려서는 안 된다.

두 번째는 보리심을 떠나서는 안 된다는 것입니다. 이 두 번째가 보리심계에 해당됩니다. 보리심을 버려서는 안 된다, 언제나 보리심을 지켜야 한다는 것입니다. 존재의 무수한 고통을 극복하기를 바라고(=中士道), 중생들의 고통을 없애주기를 바라며(=上士道), 많은 행복을 얻으려는 희망을 가졌다면(=下士道) 결코 보리심을 버려서는 안 된다고 하신 것처럼 보리심은 모든 수행의 토대이고 시작인데, 그 보리심을 버리면 성불의 직접적인 씨앗(因)을 잃어버리는 것과 같기 때문입니다.

(3) 교법을 아껴서는 안 된다.

세 번째는 교법을 아까워해서는 안 된다는 것입니다. 간인慳吝이란 아낀다는 뜻으로 좋은 가르침을 아까워하여 사람들에게 전하지 않고 자기 혼자만 가지려고 하는 것을 말합니다. 그렇게 하게 되면 정법이 널리 보급되지 않기 때문에 교법을 아껴서는 안 된다고 합니다.

⑷ 사람들을 괴롭게 해서는 안 된다.

네 번째는 사람들을 뇌해惱害하지 말라, 즉 괴롭히거나 해롭게 해서는 안 된다는 것으로 그것은 이타적인 보살행에 어긋나기 때문입니다. 남을 이롭게 하는 것[이타행]이 보살행입니다. 사람을 위해 진력하는 것이 보살이 본래 해야 할 태도이며, 반대로 사람을 괴롭게 하거나 사람을 해치는 일을 해서는 안 됩니다.

이것을 밀교의 사중금계라고 하는데 밀교계의 특색이라 할 수 있습니다. 계율에는 실로 여러 가지가 있는데, 성문승의 계[사미 · 사미니계 · 비구 · 비구니계 등]와 대승의 보살계도 있습니다. 거기에 근거하여 생겨난 것이 밀교의 4중금계四重禁戒입니다. 이것을 계상戒相이라고 하는데 상相이란 모습 · 형태라는 의미로 구체적인 계의 조항을 말합니다. 4중금계의 네 가지 조항 가운데 두 번째인 보리심을 떠나서는 안 된다는 것이 그 중심이 됩니다. 『대일경』에서는 4중금계四重禁戒를 10중계十重戒로 확대하여, 수계 작법을 할 때 이것을 주기도 합니다. 여기서는 번거로우므로 생략하기로 합니다.

7. 십선계十善戒를 지킨다.

보리심계가 좀 더 구체적으로 나타난 형태가 십선계입니다. 십선계는 「몸의 셋[身三], 입의 넷[口四], 뜻의 셋[意三]」으로 이루어져 있는 계입니다.

이것은 신체상[身業]으로, 살아 있는 것을 함부로 죽이지 않는 것[不殺生], 남의 물건을 훔치지 않는 것[不偸盜], 부부 이외의 남녀와 음란한 관계를 하지 않는 것[不邪淫]입니다.

입[口業;언어]으로 거짓말을 하지 않는 것[不妄語], 허튼소리를 하지 않는 것[不綺語], 욕설을 하지 않는 것[不惡口], 두 가지 말을 하지 않는 것[不兩舌]입니다.

마음[意業]으로는 간탐하지 않는 것[不慳貪], 화내는 마음을 일으키지 않는 것[不瞋恚], 잘못된 생각 또는 어리석은 생각을 하지 않는 것[不邪見]입니다. 이 세 가지가 대표적인 마음의 미혹입니다. 이것을 더 자세히 관찰하여 6번뇌, 20수번뇌隨煩惱 그리고 108번뇌 등 여러 가지 번뇌의 수를 세기도 하지만, 요컨대 마음에 잘못됨을 하지 않는다는 것입니다.

십선계十善業로 사람의 모든 행위를 나타내고 있습니다. 열 가지라고 하지만 열 가지만을 의미하는게 아니고, 몸과 입[언어]과 마음의 모든 행위를 올바로 행하지 않으면 안 된다는 것입니다. 이것은 쉬운 것 같지만 매우 엄하고 어렵습니다.

이 십선계는 초기불교[근본불교] 이래 설해지고 있으며, 대승불교의『화엄경』「십지품」에도 설해지는 대승불교의 기본적인 계戒입니다. 그래서 밀교의『대일경』에서도 이 십선계를 중시하여 자세하게 취급하고 있습니다. 이처럼 현교와 밀교를 통하여 가장 중요시되고 있는 것이 이 십선계입니다. 2~3세기 무렵의 대승불교를 확립한 위대한 나가르주나[용수]보살은『대지도론』에서「십선계란 모든 계의 총상계總相戒이다.」라고 하고 있습니다. 즉 십선계는, 성문승의 비구 250계와 비구니 348계 등 많은 조항들이 있지만, 그 계율 가운데 가장 기본적인 것이 바로 십선계라고 평가하고 있습니다.

홍법 대사 공해도 십선계를 매우 중요시하여『홍인유계弘仁遺戒』에서「발심하여 먼 길을 갈 때 발이 없으면 갈 수가 없다」고 했는데, 즉 먼 길을 감에 그 첫걸음부터 걸어 나가지 않으면 안 된다는 것을 말하고 있습니다. 그리고 「불도를 향하여 나아감에 계에 의지하지 않으면 어찌 도달할 수 있으랴.」고 하였습니다. 불도에 들어 성불에의 길을 더듬어 가는 데 계율을 지키지 않고서야 어떻게 불도를 수행하여 깨달음에 도달할 수가 있겠느냐는 것입니다. 계를 중시하는 사상이 매우 분명하게 나타나고 있음을 볼 수 있습니다. 그리고 계율이야말로 불도로 나아가는 가장 기본적인 조건이라고 말하고, 「반드시 현밀顯密의 오계를 견고히 수지하고 청정히하여 범하지 말아야 한다」고 하였습니다. 현교와 밀교의 계를 모두 버리지 않고 수용하고 있는 공해 대사의 계율사상을 엿볼 수 있습니다. 다만 「이처럼 모든 계는 십선을 근본으로 한다」고 하여 현교와 밀교에 제각기 계를 설하고 있어도 십선을 근본으로 하고 있음을 밝히고 있습니다. 「이른바 십선이란 신삼 · 구사 · 의삼을 말한다. 끝을 거두어 근본에 돌아간다고 하면 일심을 근본으로 한다.」고 하여 십선계도 그 근본은 일심[一心:한마음]이라고 하고 있습니다.

「일심의 성품은 부처님과 다른 것이 아니다」고 하여

일심은 부처님 그 자체라고 밝히고 있습니다. 그리고 「내 마음과 중생의 마음[衆生心]과 부처님의 마음[佛心]의 이 세 가지는 차별이 없다」고 하였습니다. 「이 마음에 머물면 곧 이것이 불도를 닦는 것이다.」고 하여 내 마음[我心], 중생의 마음, 부처님의 마음이라는 세 마음이 평등하다는 생각에 철저해지면 불도를 참으로 닦는 것이 된다고 합니다.

이처럼 십선계는 『대일경』에서도 중요시하고 있지만, 홍법 대사도 여러 가지 계는 십선을 근본으로 한다고 말하고, 십선의 근저에 있는 것은 바로 일심이라고 밝히고 있습니다. 요컨대 일심은 청정심이라는 의미이고, 청정심은 불심[佛心] 즉 부처님 그 자체와 다름없다고 말하고 있습니다.

8. 보리심계와 종래의 계와의 관계

마지막으로 보리심계를 지킨다고 하는 것과 종래의 여러 가지 계와의 관계는 어떠한가 하는 문제가 있습니다. 여러 가지 계에는 성문승의 계와 대승의 계가 있습니다. 대승계에는 보통 「범망계梵網戒」라 하여 「10중대계重大戒」, 「48경계輕戒」라는 것이 있고, 성문계에는 비구계·비구니계 등이 있습니다. 이러한 계의 계상戒相이라는 것을 하나하나 세어보면 매우 많고 복잡한 듯 보이지만 신구의 삼업을 다스리는 것이므로 어쨌든 수행자에 있어서 매우 중요합니다.

그런데 밀교의 보리심계는 이러한 모든 계戒가 성립하는 근원이 되는 보리를 이루고자 하는 마음을 「계」로 한 것이기 때문에 가장 기본적이라 할 수 있습니다. 보리심이 있으므로 여러 가지 계도 지킬 수 있게 됩니다. 보리심이 있음을 자각하지 않고 단지 계만을 지키는 것은 결국 그 계마저도 지키지 않는 것이 됩니다. 즉 마음가짐이 우선되고 중요하며 지계정신에 기본이 된다는 것입니다. 계율이 여러 가지로 제정되고 실천되고 논의된다고 하더라도 보리심계가 마음에 자리 잡지 않는 한 개개의 조항을 이것저것 지킨다고 하더라도 그것은 하나의 현상면에 지나지 않습니다. 갖가지 현상의 뿌리에 있는 것이 보리심이므로 그 보리심을 차라리 계로써 취급하는 것이 「밀교의 계」입니다.

이것을 십선계와 보리심계와의 관계에서 생각해 보면, 예컨대 부채의 펴진 끝부분이 십선계이고, 그 부채의 사북[중심축] 부분이 보리심계라고 할 수 있습니다. 부채는 사북이 있어야만 펼 수가 있는 것처럼 보리심계를 지키는 것에서 비로소 십선계를 지킬 수가 있습니다. 이처럼 보리심계를 생각하면 그것은 현대인에게 가장 적합한, 현대에 살아 있는 계라고도 할 수 있습니다.

누구에게도 보리심이 있다는 것을 잊어서는 안 된다는 것이야말로 인간성의 기본이며, 이것을 잊지 않는다는 것은 정말 훌륭한 일입니다.

9. 사은四恩 - 네 가지 은혜를 알고[知恩] 보답한다[報恩]

「즉신성불의 길」에서 다음으로 주목해야 할 것은 네 가지 은혜[四恩]라는 가르침입니다. 은혜를 알고[知恩] 은혜를 갚는다[報恩]고 하는 「은혜의 사상」입니다. 4은을 공해 대사는 매우 강조하며 그의 많은 저술 속에서 자주 설하고 있습니다. 은혜의 사상은 누구나 잘 알고 있습니다. 사람은 누구든지 자기 혼자서 살아갈 수는 없습니다. 부모ㆍ형제, 가족이나 친척, 이웃 또는 선생님, 직장의 상사ㆍ친구ㆍ선배ㆍ후배 등 사회의 많은 사람 속에서 생활을 영위하고 있습니다. 그렇게 자신을 둘러싸고 있는 모든 사람과 천지 자연의 은혜, 사회환경의 은혜에 의해 자신이 살려지고 있다고 이해하는 것이 은혜의 사상입니다. 그것을 지은ㆍ보은이라고 하고 이러한 은혜의 사상은 불교사상의 흐름에서 찾아보면 이미 초기불교 경전에 나타나고 있습니다. 또한 대승불교에도 「지은ㆍ보은은 보살행이다.」라고 주장하고 있습니다. 뿐만 아니라 후기 대승불교 경전에 속하는 『대승본생심지관경』에서는 이 은혜를 네 가지로 정리하고 있고 공해 대사는 그

『심지관경』의 사상을 직접적으로 계승하고 있습니다.

네 가지 은혜의 첫째는 부모의 은혜입니다. 이것은 여기서 더 설명할 필요도 없습니다.

두 번째가 중생[사람들]의 은혜입니다. 이 중생 속에 부모 이외의 모든 사람들을 망라하고 있습니다. 그러므로 스승의 은혜라든가 온갖 사람들의 은혜를 모두 여기에 포함시키고 있습니다.

세 번째가 국왕의 은혜입니다. 그 시대는 국왕이라고 생각한 것인데, 현대에는 국가의 은혜라고 할 수 있습니다. 예컨대 해외여행을 하게 되면 여권旅券에 전적으로 의지하게 되므로 국가의 은혜를 잘 알 수 있습니다. 정부가 신분, 생명, 재산을 보증하기 때문에 비로소 안심하고 해외여행을 할 수 있습니다.

마지막으로 삼보三寶의 은혜입니다. 이것은 불ㆍ법ㆍ승 삼보를 말하며, 불교의 가르침에 인도되어 우리가 올바른 생활을 할 수 있다고 하는 불교의 신앙을 고맙게 여기는 것입니다.

이처럼 네 가지 은혜 속에는 우리가 마음으로 짐작하는 모든 은혜가 망라되어 있습니다. 공해 대사도 그의 저술 속에 많은 사람에게 은혜를 입었다고 썼습니다. 그 중에서도 부모의 은혜를 매우 강조하고 있습니다. 또한 스승의 은혜도 많이 강조하고 있는데, 특히 중국에서 직접 입은 스승 혜과 아사리에 대한 은혜는 일평생 잊을 수 없는 것이라고 진솔한 문장으로 나타냈습니다. 공해 대사의 저술 속에서 은혜를 강조하는 것은 세상 사람들이 은혜를 알고 은혜를 갚는 것을 잊는다면 인간의 사회가 목적한 대로 잘 되어 가지 않게 된다는 것을 웅변으로 가르치고 있는 것이라고 이해할 수 있습니다.

은혜란 사람과 사람의 관계입니다. 그 관계를 불교에서는 「연緣」이라고 합니다. 사람과 사람의 관계를 좋은 연으로 맺는다는 것은 특히 결혼할 때의 좋은 인연[良緣]만을 말하는 것은 아닙니다. 사회생활에서 또는 가까운 이웃이나 마을 사람들의 관계에서도 모두 잘 되어 가고 있는 것이 바로 좋은 연입니다.

지은·보은 그리고 살아 있는 모든 것[일체중생]이라는 자각의 배경에는 불교사상으로써 연緣의 사상이 근저를 이루고 있습니다. 연을 깊이 인식하게 될 때 비로소 감사의 마음이 나옵니다.

그리고 실제로 은혜를 입은 사람에게 그 은혜를 보답하려고 하는데 그 은인이 이미 죽어 이 세상에 없는 예도 있습니다. 그런 경우에는 추선공양追善供養을 하여 은혜를 갚을 수 있습니다. 이처럼 불교적인 보은의 사상에는 직접적으로 은혜에 보답하는 것과 돌아가신 분에게 추선공양을 하는 두 가지 측면이 있습니다.

10. 사섭四攝의 이타행

다음은 사회윤리로서의 사섭법을 실천하는 것입니다. 거두어들인다攝는 것은 자기 쪽으로 끌어당긴다, 인간관계를 잘한다는 의미입니다. 사섭법은 인간관계를 잘 유지하기 위한 네 가지 방법이므로 「사회윤리」라고도 할 수 있습니다. 부연한다면 대승 보살의 이타행이고 사람들을 위해 힘을 다하는 것을 말합니다. 이것도 여러 가지 사회윤리 가운데 특히 사섭법을 강조한 것인데, 「은혜의 사상」과 같이 이 사섭법도 밀교에서만이 아니고 초기불교根本佛教이래 대승불교에서도 크게 강조되고 있는 덕목 가운데 하나입니다. 그리고 밀교 시대에서도 사회생활의 기본윤리로써 받아들여졌고, 삼매야계를 받을 때는 반드시 실천해야 할 덕목으로 규정되어 있습니다. 네 가지 덕목의 자세한 내용은 다음과 같습니다.

(1) 보시布施

첫째가 보시, 베푸는 것입니다.

보시에는 재시財施와 법시法施, 두 가지가 있습니다. 재시란 물질적으로 어떤 물건 또는 돈을 주는 것을 말합니다. 법시란 정신적으로 가르침과 지도指導 · 훈계 등을 나누어 주는 것입니다. 그러므로 보시는 실제로 물심양면으로 나누어 주는 마음을 가지고 실천하지 않으면 안 됩니다. 대승불교 속에서도 보시 · 지계 · 인욕 · 정진 · 선정 · 지혜의 육바라밀은 보살행 가운데 가장 중요한 여섯 가지 덕목이라고 말하고 있습니다. 그 가운데서도 제일 먼저 강조되는 것이 보시입니다.

인간관계 속에서 물심양면의 보시행을 제외하고 나면, 가족관계든 사회의 다른 사람들과의 관계에서든 아무것도 남지 않을지도 모릅니다. 여행을 다녀오며 선물을 사 오는 것도, 기뻐할 것이라는 생각을 해서 사 오는 것입니다. 그것도 역시 보시행의 하나일 것입니다. 곤란을 겪고 난처한 상황에 있는 사람에게 정신적으로 어떤 뒷받침이 되어 주는 것도 보시행입니다. 그만큼 보시행은 폭이 넓습니다.

(2) 애어愛語

두 번째의 애어는 부드럽고 온화한 말입니다. 언제나

사랑스럽고 온화하고 부드러운 말을 하는 것을 말합니다. 『무량수경』에 「화안애어和眼愛語」라는 유명한 말이 있습니다. 「애어」는 결코 나쁜 말을 하지 않는다는 의미도 포함합니다. 바꿔 말하면 입[언어]의 네 가지 불선업不善業을 하지 않는 것입니다. 십선계 가운데 불망어 · 불기어 · 불악구 · 불양설을 말합니다. 결국 애어는 네 가지 「구업口業의 선계善戒」를 대표하고 있다고 생각할 수 있습니다.

(3) 이행利行

세 번째의 이행利行이라는 것은 「이타행」을 말합니다. 다른 사람을 위하는 일이라면 무엇이든지 나서서 하는 것입니다. 이것도 폭이 매우 넓습니다. 흔히 「대승보살의 이타행」이라고 말하는데, 남을 위해 할 수 있는 일이란 여러 가지가 있습니다.

대승계를 섭율의계, 섭선법계, 요익유정계의 「삼취정계三聚淨戒」라고 하는데, 그 가운데 섭선법계攝善法戒와 요익유정계饒益有情戒의 두 가지가 「이행利行」에 해당합니다. 좋은 일은 무엇이든지 하는 것입니다. 요익은 사람을 이롭게 한다는 것이고, 유정은 사람들을 의미하므로 사람들을 위하는 일이라면 무엇이든지 한다는 것이 대승의 계율 정신입니다.

미륵보살이 지은 『유가사지론』에는 30가지 정도의 이타행을 열거하고 있습니다. 그것은 당시의 인도 사회를 부각하고 있는 것으로 볼 수 있습니다. 인도 사회에서 가난한 사람들을 어떻게 구할 것인가, 생활이 곤란한 사람을 어떻게 구할 것인가, 병든 사람을 어떻게 간호할 것인가, 여행하는 사람들에게 어떤 일을 하는가 등을 가르친 것인데, 내용을 살펴보면 4세기에서 5세기 무렵의 인도 사회의 상황이 선명하게 떠올려집니다. 그러한 일들도 모두 「이행」이라는 범주에 들어갑니다. 현대적으로는 우리가 대인관계에 있어서 언제든지 무엇이든지 남을 도와주려고 하는 정신이 중요한 것이고, 이것이야말로 바로 불교의 정신입니다.

⑷ 동사同事

네 번째 동사란, 상대방과 같은 입장에 서서 생각하고 그 사람을 위하는 일에 적극적으로 협력하는 것입니다.

사람과의 관계에서 대립이나 갈등이 일어나는 것은 대체로 상대의 입장에 서서 이해하고 분별하는 능력이 없기 때문입니다. 부모와 자식의 관계에서도 자식의 마음을 알지 못하는 아버지에게 단절이 있게 마련이고, 그 반대의 경우도 당연히 있을 수 있습니다. 여러 가지 인간관계 속에서 상대방이 어떠한 처지에 있고, 무엇을 고민하며, 무엇을 생각하는 지까지 알아차려서 그 사람을 만난다면 무슨 일이든 잘 되어갈 것입니다. 그것을 알지 못하고 단지 자신만의 입장에서 상대를 큰소리로 호통친다든지 자기주장만 늘어놓거나 거친 말로 일방적으로 공격하기만 한다면 거기에는 다툼이 끊일 날이 없게 됩니다. 그렇게 하지 않도록 하는 것이 「동사」 즉 모든 일을 함께 한다는 것입니다.

사섭법은 인도의 오래된 불교사상이지만 현대에도 네 가지 사회윤리로써의 덕목으로 적합합니다. 불교사상에도 훌륭한 가르침과 좋은 사상은 오래된 것이라 하더라도 언제나 신선하고 새로운 것임을 알 수 있습니다.

초기 불교사상 속에 사섭법 사상이 성립하여 대승불교의 보살행에도 중요한 부분으로 계승되었습니다. 그

뿐만 아니라, 밀교 시대에서도 사섭법을 실천하는 것은 불교 정신의 발로라고도 할 수 있고, 불교 정신의 구체적인 실천이라고도 할 수 있을 것입니다. 현대적인 의미에서도 불교사상은 낡고 케케묵은 것이 아니라 인간의 사회생활 양식을 아주 선명하게 나타내고 있는 것으로 생각합니다.

지금까지 즉신성불에의 길이라는 제목으로, 일상생활에 있어서 삼보에 귀의하고 보리심을 일으켜 보리심계를 지키고 십선계와 사중금계를 준수하는 일 그리고 대인관계의 네 가지 은혜와 사섭법 등의 실천이 바로 즉신성불에의 길임을 밝혔습니다. 이어서 즉신성불에의 가장 직접적으로 중요한 수행에 대해서 정리해 보겠습니다. 그것은 「삼밀가지三密加持」입니다. 이 수행의 방법은 다음 장의 즉신성불 사상에서 상세히 살펴보기로 하겠습니다.

제7.

즉신성불 사상 - 원리와 실천

1. 즉신성불 사상의 원류

불교는 「부처님의 가르침」임과 동시에 「붓다가 되는 가르침[成佛敎]」이라고도 합니다. 특히 대승불교에 있어서는 이 성불의 사상이 그 핵심을 이루고 있습니다. 그러나 성불의 사상에도 여러 가지 유형이 있고, 여러 경론經論에서도 제각기 강조하는 것을 달리합니다. 심성본정心性本淨과 불성·여래장·보리심·본각本覺 등을 설하는 중기대승불교에서 성불의 가능성에 대한 사상이 현저하게 발전한 후기 대승불교, 그 두 사상은 밀교 경전으로 계승되어 새로운 밀교의 행법을 통하여 현신現身 즉, 부모에게 받은 이 몸으로 속질성불速疾成佛하는 가능성이 강조되었습니다.

중요한 경론은 『대일경』 『금강정경』 『보리심론』 등입니다. 이러한 경론을 소의로 하여 성립한 중국 밀교에서는 밀교의 특색을 즉신성불과 양재초복攘災招福이라고 했으나 즉신성불을 조직적으로 고찰하기까지에는 이르지 못했습니다.

공해 대사는 입당구법하여 혜과 아사리를 사사하고 즉신성불이 밀교 사상의 특색임을 배우고는 귀국 후 바로 쓴 『청래목록』, 홍인 6년의 편지, 『변현밀이교론』 등에서 자주 즉신성불을 말하고 있는데, 그 사상의 구조를 살펴보겠습니다.

2. 『즉신성불의』의 성립

공해 대사는 드디어 『즉신성불의即身成佛義』1권을 저술하여 즉신성불의 이론과 실천의 체계를 확립했습니다. 『즉신성불의』는 첫머리에 많은 경론에서는 삼겁성불三劫成佛17)을 설하지만, 밀교의 경론에는 「즉신성불」을 설하고 있다고 하며 2경經 1론論의 8가지個 증문證文18)을 들어 보이고 이어서,

「六大無碍常瑜伽 - 體   四種曼荼各不離 - 相

三密加持速疾顯 - 用   重重帝網名卽身 - 無碍

法然具足薩般若 - 佛寶   心數心王過刹塵 - 法寶

各求五智無際智 - 僧寶   圓鏡力故實覺智 - 三寶一體」

「① 우주의 여섯 가지 힘[六大]은 서로 섞이어 걸림이 없고[無碍] 더구나 언제나 통일[瑜伽]되어 있다. - 體

② 우주와 자신을 상징적으로 나타내면, 그 네 가지

---

17) 삼겁성불三劫成佛 : 헤아릴 수 없는 긴 시간을 수행하고 나서 성불함.

18) 2경經 1론論의 8가지 증문證文은 『대일경』의 2文, 『금강정경』의 4文, 『보리심론』의 2文을 말한다.

방법[四種曼茶羅]의 어느 쪽이든 상호 간에 깊이 연유되고 있다. ᅳ相

③ 인간의 동작 가운데 어느 것을 가지고서도[삼밀] 그것을 일심으로 부처님의 동작과 통하게 한다면 성불成佛이라는 효과가 이내 나타나게 된다. ᅳ用

④ 이것[六大·四曼·三密]이 그물의 눈처럼 서로 얼키설키 섞이어 있는 것은 마치 제석천[인드라]의 보배 그물과 같다는 것을 「이 몸 그대로의 성불」[卽身]이라고 비유한 것이다. ᅳ無碍

⑤ 모든 사람은 있는 그대로 부처님의 지혜를 몸에 갖추고, ᅳ佛寶

⑥ 마음의 활동[心數]·심자체[心自體:心王] 어느 것이나 티끌수 보다도 많다. ᅳ法寶

⑦ 마음 활동의 결과인 오지[五智]는 제각기 무한의 활동 [無際智]을 가지고 있다. ᅳ僧寶

⑧ 이러한 오지[五智]는 어느 것이나 그 근원의 지혜인 대원경지[大圓鏡智]의 힘에 의지하고 있으므로 「진실을 깨달은 지혜」[實覺智]라고 말한다. ᅳ成佛

이와 같이 2송㉦ 8구㉨를 들고 그것을 해설하였습니다. 이 게송은 당의 혜과 아사리가 설한 것이라는 설『이본 즉신성불의』도 있으나, 공해 대사의 독창적인 식견에 의해서 조직되었을 것으로 보는 견해가 일반적입니다.

五智의 主 구히야사마자

3. 육대무애六大無碍

(1) 육대

먼저 제1송의 처음에 「6대가 무애하여 항상 유가이다」고 설했는데, 6대란 지·수·화·풍·공의 5대五大와 식識을 합한 것입니다. 이것은 초기불교 이래 설해지고 있는 만유의 원소로써 지·수·화·풍·공·식의 6계설六界說과 말은 같지만 다른 사상입니다. 6대사상의 성립과정을 살펴보면『대일경』「주심품」에 일체지지一切知智의 깨달음에 대해서 땅[地]과 같고, 물[水]과 같고, 내지 불[火]·바람[風]·허공[空]과 같다고 설하고 있는데, 여기서는 지·수·화·풍·공의 오대가 절대인 깨달음의 경지를 비유적으로 표현한 것으로 이해할 수 있습니다.

한편 인도 밀교 경전 속에 이 5대 사상은 5자字·5색色·5륜輪·5불佛·5지智 등에 배치하는 사상으로 발전시키고 있어서 「5대」사상은 이미 인도 밀교에서 중요한 사상으로 되어 있는 것을 볼 수 있습니다. 그러나 5대에 식대識大를 더한 「6대 사상」六大思想은 인도 밀교 경전 속에는 찾아볼 수 없고, 공해 대사에 이르러 비로소 「6대 사상」이 구성됩니다.

(2) 육대체대六大體大 · 육대능생六大能生

6대는 법성法性 · 공성空性과 다른 것이 아니고, 법성이나 공성의 보편성과 절대성을 강조하기 위해 체 · 상 · 용의 삼대 사상을 도입하여 6대체대, 6대주변법계, 6대 법계체성이라고 하고, 모든 것의 존재 근거라는 점에서 육대능생六大能生이라고도 합니다.

여기에서 자성법신 · 수용법신 · 변화법신 · 등류법신의「4종법신」과 대만다라 · 삼매야만다라 · 법만다라 · 갈마만다라의「4종만다라」와 기세간 · 중생세간 · 지정 각세간의「3종세간」 그리고 4성聖6범凡의「10계十界」 등을 생겨나게도[所生] 하고 만들기도[所造] 하는 것입니다.

그러나 능생과 소생의 관계는 단지 무엇이 생기고 생기게 하는 인과관계로 생각하는 것이 아니고, 근원적인 것과 현상적인 것의 논리적인 관계로 생각할 수 있는 것이므로 본래적으로는 능소의 대립을 생각할 수 없습니다.

이 점을 공해 대사는「능소이생能所二生이라 하더라도

모두 능소가 끊어진다. 법이法爾의 도리에 조작이 있으랴. 능·소의 이름은 모두 밀호密號인데, 상도천략常途淺略의 뜻을 집착하여 여러 가지 희론을 해서는 안 된다.」고 주의하고 있습니다. 소생이 능생에 대한 소생이 아니고, 능소불이能所不二인 소생으로 생각되고 있습니다. 그것은 체대體大를 떠나서 상대相大로써의 소생이 아니고 체대의 나타남으로써의 소생의 법이고, 불생不生의 생이라는 것을 의미하고 있다고 볼 수 있습니다.

(3) 육대무애六大無礙

다음에 「육대가 무애하여 항상 유가이다」라고 한 것에는 두 가지 의미를 생각할 수 있습니다.

첫째 6대大는 5대大와 식대識大로 그것은 심즉색心卽色 색즉심色卽心 또는 지즉경智卽境 경즉지境卽智 또는 지즉리智卽理 이즉지理卽智의 구조를 가지기 때문에 6대가 상호 무장·무애無障無礙하여 상응[瑜伽]하는 의미가 있습니다.

두 번째 6대법계체성으로 이루어진[所成] 몸인 4종법신·3종세간·10계界의 일체 제법은 각각 자체가 6대소생이어서 내 몸도 다른 몸도 모두 불신佛身과 섭입하고 상응하여 걸림이 없다[無碍]는 의미가 있습니다.

그리고 바로 여기에 범성불이凡聖不二 중생즉불衆生卽佛의 원리가 성립한다고 하는 의미가 포함되어 있습니다. 6 대무애 사상은 이와 같은 이중구조를 가지므로 즉신성불에 대한 가능성의 원리가 여기에서 명확하게 됩니다.

⑷ 육대연기

더구나 6대법계체성 사상은 불타관과 인간관, 세계관의 상대적인 입장을 넘어 그들을 성립시키고 있는 절대성을 추구하고, 여기에 사상사思想史에 커다란 철학적인 과제를 제기하게 됩니다. 그 절대성의 추구를 「우주 생명의 철학」이라고 이름 붙인 학자도 있는데, 어쨌든 우주의 근원에 눈을 돌린다는 것은 6대 사상의 커다란 하나의 특질이라고 보아야 합니다.

진언 교학에서는 6대법계체성이 일체법 성립의 근거라고 생각하는 점에 연기사상緣起思想을 도입하여 「6대연기사상」이라고 부르고 있는데, 불교의 연기사상 가운데 주목해야 할 하나의 사상입니다.

4. 사만각불리 | 四曼各不離

(1) 사종만다라

다음에 「4종만다라가 각각 떠나지 않는다」고 했는데, 4종만다라란 대만다라, 삼매야만다라, 법만다라, 갈마만다라의 네 가지 만다라를 가리킵니다. 이 4종만다라 사상은 이미 『금강정경』에 설해져 있는 것으로 앞에서 고찰한 바 있으나 다시 한번 간략히 정리해 보겠습니다.

먼저 「대만다라」란 불·보살의 상호 구족한 몸과 그것을 체화한 것을 말합니다.

「삼매야만다라」는 불·보살의 본서本誓를 상징적으로 나타내는 것으로, 소지하고 있는 도검·윤보·금강저·연화 등과 그것을 그린 것 및 인계印契 등이고, 「법만다라」는 제존의 종자 진언과 그것을 그린 것입니다.

「갈마만다라」는 제존의 활동상태, 또는 금·석·목·토金石木土 등으로 만든 조상彫像을 말합니다.

전자는 대·삼매야·법의 세 만다라에 통한다는 의미에서 「통삼갈마通三羯摩」라 하고, 후자를 「별체갈마別體羯摩」라고 합니다.

이러한 4종만다라의 관념은 대만다라의 제불·보살을 기본으로 하고 그것을 소지물·인계 등의 표치[삼매야만다라], 종자 진언[법만다라], 입체적인 조각으로 표현하기도 한 것[갈마만다라]이므로 표현형식의 네 종류입니다.

(2) 만다라적인 세계관

4종만다라의 사상도 확대 해석하면「대만다라」는 불·보살뿐만 아니라 널리 10계[界]의 유정들 모두에 적용하여 생각할 수 있고,「삼매야만다라」는 산천·초목·국토 등을 가리키는 것으로 볼 수 있습니다. 그리고「법만다라」는 일체경전의 대의와 모든 언어·문자를 가리키는 것이고,「갈마만다라」는 십계[十界] 유정의 행주좌와 모든 동작을 가리키는 것으로 생각할 수 있습니다. 이렇게 본다면 우주 만유의 모든 것은 4종만다라의 어느 쪽인가에 속하는 것으로 생각할 수 있고 모든 것에 만다라적인 사고를 적용할 수 있습니다. 여기에 밀교의 만다라적인 세계관이 성립됩니다.

(3) 사만각불리

이러한 4종만다라는 구체적으로 네 가지이지만 그것은 동일한 것의 네 가지 표현형식에 지나지 않는다고도 생각할 수 있습니다. 이러한 입장에서 4종만다라의 관계를 「각각 떠나지 않는다」고 설하고 있습니다.

4종만다라의 불리不離·상즉·무애에는 첫째 4종만다라의 각각이 불리不離라고 하는 의미가 포함되어 있습니다. 본래적인 것과 상징적인 표현 형태와의 불리不離라는 의미에서 인·법불리人法不離의 일체관二類不離이 성립합니다.

둘째 붓다의 4종만다라와 범부의 4종만다라가 불리不離라고 하는 의미도 포함되어 있으므로 이 점에서 중생즉불, 범성불이의 일체관同類不離이 성립합니다. 따라서 이러한 입장에서 즉신성불의 가능성의 원리가 명확하게 되어 있음을 알 수 있습니다.

5. 삼밀가지

(1) 삼밀

「삼밀로 가지하면 속히 드러난다」고 하였는데, 삼밀이란 신밀·구밀·의밀을 말합니다. 그것은 법신의 신·구·의의 활동은 심심미묘하여 등각^{等覺}이나 십지의 보살조차도 보거나 들을 수 없기 때문에 「세 가지 비밀한 활동」이라 합니다.

초기불교 이래, 일반적으로 인간^{凡夫}의 의식 및 행위 경험은 신·구·의의 삼업이라 하고, 때로는 십선업과 십악업으로 분류하기도 합니다. 그러나 밀교에서는 인간이라 하더라도 그 본성에서 말하면 부처님의 삼업과 다르지 않다고 생각할 수 있지만, 실천의 장에 있어서 법신불의 삼밀과 가지감응하면 범부의 삼업이 정화되어 범부의 삼업이 그대로 삼밀이 되어서 즉신성불한다는 것입니다. 이것을 「삼밀가지의 묘행」이라고 합니다.

(2) 삼밀가지성불 三密加持成佛

삼밀가지의 묘행은 인도 밀교의 여러 가지 수행의 체

계 속에서도 가장 기본적인 것이고, 많은 밀교 경전 속에 자주 설해지고 있습니다. 그래서 공해 대사는 그들 경전에 설해져 있는 삼밀의 수행에 주목하여 삼밀가지의 수행방법을 제시하고「만약 진언행인이 이 뜻을 관찰하여 손으로 무드라[印]를 맺고, 입으로 진언을 외우고, 마음이 삼마지에 머물면 삼밀상응하여 가지[加持]하기 때문에 속히 위대한 싯디[성취·성불]를 얻는다.」고 강조했습니다. 이것에 의하면 삼밀의 묘행은 구체적으로는 손으로 부처님의 본서를 표하는 인계를 맺고, 입으로 부처님의 진실한 가르침인 진언을 외우고, 마음을 고요하고 맑게 하여 부처님의 깨달음의 경지에 들어가도록 노력합니다. 그리고 이 수행을 계속해 나가면 부처님의 신·구·의 삼밀의 활동과 수행자의 신·구·의의 삼업이 가지·감응하여 수행자의 삼업이 정화되고 더욱이 삼밀까지 맑아지고 고양된다고 합니다.

그런데 그「가지」라는 것이 부처님과 수행자와의 사이에 어떤 관계를 말하는 것인가 하는 것이 문제가 됩니다. 공해 대사는「가지[加持]란 여래의 대비와 중생의 신심을 나타낸다. 불일[佛日]의 그림자가 중생의 심수[心水]에 나타남을 「가加」라 하고, 행자의 심수에 불일을 감득하는 것을 「지持」라고 이름한다.」고 설명하고 있습니다.

가지加持 adhiṣṭhāna는 원래 부처님의 가호·호념이라는 뜻인데, 공해 대사는 「가」와 「지」를 구별하여 「가加」는 부처님의 대비의 힘, 「지持」는 중생[사람들]의 신심의 힘이라고 합니다. 그리고 이 부처님과 수행자와의 관계에 대해서 알기 쉽게 태양의 빛과 그 빛을 비추어 나타난 수면과 같은 것이라고 했습니다. 또는 중추中秋의 명월과 맑은 연못의 물의 관계로 생각해도 좋습니다. 가을 달이 높은 하늘에서 교교히 비치고 그 밝은 달 그대로 똑같은 빛을 깨끗하고 맑은 수면에 나타내고 있는 광경은 참으로 신비한 자연의 감동을 느끼게 하는데, 수행자가 삼밀가지의 묘행을 닦을 때 부처님의 대비를 그대로 수행자의 마음에 인식하여 부처님과 일체가 되는 체험을 하는 그것이 부처님이 나에게 들어와서 나와 부처님이 일체가 되는 「입아아입入我我入」의 종교적 신비체험이라고 생각할 수 있습니다.

일반적으로 여러 종파의 신도들이 부처님을 예배할 때 손을 합장하고 입으로 나무아미타불·나무묘법연화경·나무관세음보살 등을 외우고, 마음으로 불·보살에게 귀의하거나 또는 기원을 하는 예가 많은데, 이것도 삼밀행이라고 볼 수 있습니다. 그러나 즉신성불을 목표로 하는 삼밀의 묘행은 마음을 삼마지에 머물고 입아아입의 신비적인 체험을 한다는 것에 신앙의 깊은 차이가 있음을 인정할 수 있습니다. 그래서 삼밀가지의 묘행에 의해서 즉신성불하는 것을 「가지감응」이라고 합니다. 이 「가지감응」이야말로 즉신성불 사상의 핵심이 되고 있다는 것을 알 수 있습니다.

6. 즉신卽身의 의미

즉신이라는 말에는 「현신現身에 신속히」라는 의미가 있습니다. 비유적으로는 「중중제망인 것」의 의미가 있다고 하였습니다. 중중제망은 제석천의 궁전에 둘러 싸여 있는 보배구슬 그물에 많은 구슬의 빛이 서로 비추고 비쳐져서 다르면서 다르지 않는[不異] 것이므로 「평등」을 「즉신」이라 합니다. 따라서 즉신이라는 말에는 「이몸 그대로」와 「현신에 신속히」라고 하는 의미 이외에 내 몸과 부처님의 몸 그리고 중생의 몸이 불이평등不二平等의 관계에 있다는 의미도 포함되어 있습니다.

ㄱ. 체·상·용의 삼대三大

이상이 2송 8구 가운데 제1송 4구의 요지인데, 제1구에서 제3구까지의 6대와 4만과 3밀은 체·상·용의 3대사상을 근거로 하여 6대=체대體大, 4만=상대相大, 3밀=용대用大의 사상을 구성하고 있습니다. 이 3대사상은 『대승기신론』의 3대사상에서 힌트를 얻은 것으로 보입니다.

그리고 6대사상과 4만사상은 제각기 깊은 사색에 기인한 사상체계를 가집니다. 동시에 즉신성불의 가능성의 원리를 거기에서 발견하게 됩니다. 3밀사상은 즉신성불의 수행적인 측면을 밝힌 것입니다.

8. 일체지지·오지·실각지

제2송의 4구는 즉신성불의 심리적인 방면을 명확히 한 것입니다. 이미 인도불교에 성불사상의 발전에 수반한 대승불교의 보살도가 설해지고 일체개성불一切皆成佛을 주장하면서 성불 사상의 심리적 근거를 밝히기 위해 실유불성, 여래장, 보리심, 심진여, 본각, 자성청정심 등의 사상이 설해져 있습니다. 이어 성립한 밀교 경전에서도 본유의 정보리심, 일체지지, 5지 등의 사상이 더하여 설해지고 있습니다. 그것을 바탕으로 새롭게 즉신성불 사상을 구성하였고, 심리론의 입장에서도 즉신성불사상을 명확히 하게 되었습니다.

우리의 마음이 본래 일체지지를 보유하고 있음을 보이기 위해 『대일경』『금강정경』 등의 문장을 증거로 들고, 일체지지[일체지 가운데 최고의 지혜]의 내용을 구체적으로 5지五智, 37지智, 무제지無際智라고 합니다.

또한 심왕心王·심소心所의 모든 마음의 활동[心作]을 설하고 있는데, 그들의 지혜는 법신 여래의 지혜임과 동시에 중생 본유의 지혜라는 것을 밝힌 것입니다. 그 본유의 지혜를 삼밀가지의 수행으로 현증되면 중생이 그대로 붓다가 되고, 불지佛智를 체득하게 되는데, 그것을 「실각지實覺智」라고 합니다.

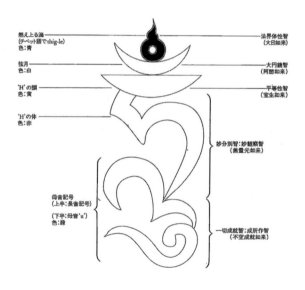

오지의 정수인 종자진언 '훔'

9. 세 가지 즉신성불卽身成佛

『이본異本즉신성불』에 의하면 즉신성불에는 세 가지가 있습니다. 그 세 가지란 이구성불 · 가지성불 · 현득성불을 가리킵니다.

(1) 이구성불

이理로써 우리에게는 붓다의 자질이 구족되어 있음을 말합니다. 밀교에서는, 현교의 성불은 수행에 의한 단계적인 해탈의 과정을 보여줄 뿐이라고 합니다. 즉「현교는 유루의 분단신分段身을 떠나서 변역신變易身에 의하여 범부가 붓다佛로 된다.」고 보는 것입니다.

정토종의 성불도 결코 이 몸 그대로의 붓다라고는 할 수 없습니다. 이 현신現身의 국토에서는 수행의 장애를 이겨낼 수가 없으므로 이 국토를 예토穢土라 하고 정토에 화생化生한 뒤에야만 성불한다고 합니다.

이렇게 보면 『보리심론』에「오직 진언법에서만 즉신성불 하기 때문에 이에 삼마지법을 설한다. 여러 다른 교[諸敎]에서는 이것을 말하지 않는다.」라고 하였듯이,

「이구성불」은 이법으로써 즉신성불의 확신입니다. 자기 안에는 불·보살로부터 아귀·축생에 이르는 모든 가능성이 내재합니다. 그것은 무한한 퇴폐와 몰락의 심연을 말하는 동시에, 한이 없는 승화와 변모의 약속도 말하는 것입니다.

이같이 자기의 마음 가운데 있는 십계十界의 구족을 믿고 자기 안에 6대가 무애하게 깃들어 있으며, 4만이 항상 갖추어 있어서 떠나지 않고 대일大日의 이법은 모두 자기 안에 본래 구족되어 있음을 아는 것입니다. 이와 같은 대전제로써 본 자기의 즉신성불, 이념으로써의 성불을 「이구의 성불」이라고 합니다.

(2) 가지성불

「가지성불」이라고 함은 그 이념으로써의 성불을 현실의 것으로 만들려고 하는 실천의 과정을 말합니다. 즉 3밀의 가지력에 의한 즉신성불을 말합니다. 이 경우에 「가지」는 그 심화의 정도에 따라서 일시적으로 실현될 때도 있고 더 나아가서 상시 체현되기도 합니다.

전통적인 설명에 의하면 초심 안에는 유가의 관상에

몰두하고 있을 때만 부처님과 우리 행자는 가지 섭입할 수 있는데, 관행이 원숙하게 되면 행주좌와에 항상 우리와 대일여래 사이에는 감응이 왕래하고, 부처님의 내증 본서와 우리들의 보리심과는 일치 명합하게 됩니다. 이것이 「가지성불」입니다.

이 경우의 가지는 『대일경』과 『대일경소』에서 말하는 「3력 즉 우리의 공덕력功德力 · 여래의 가피력加被力 · 법계력法界力 이 세 가지 힘이 합하기 때문에 곧 능히 부사의한 업을 성취한다」라고 합니다.

자기의 공덕력이란 치료를 할 때 스스로 가지고 있는 회복력과 같습니다. 이것이 없으면 여하한 의약도 효과가 없습니다. 의약은 단지 생명이 가지는 자연의 회복력을 촉진하고 거기에 대한 장애를 제거해 줄 뿐입니다. 죽은 자에게는 어떠한 좋은 약이라도 주효하지 못합니다.

여래의 가피력은 그 의약에 해당하고, 일반적으로 병자를 둘러싼 치료를 위한 사회적 · 가정적 · 경제적 좋은 조건 등 간호의 힘이 법계력이라고 할 수 있습니다.

(3) 현득성불

마지막으로 현득성불은 결과로써의 즉신성불입니다. 즉 자기 안에 직접 체현된 즉신성불의 경지를 말합니다. 본래의 이구理具가 3밀가지의 힘, 연緣에 의하여 불과佛果의 만덕으로써 완전하게 발현되고 자기가 바로 부처가 된 경지를 말합니다. 부모소생의 이 몸이 곧 대각의 자리를 증득한다[즉신성불]고 함은 바로 이 경지를 말합니다.

이상의 세 가지 즉신성불은 하나가 되어야 비로소 살아 있는 개인의 종교적 체험으로써의 성불론이 됩니다. 이것을 도식적으로 이해한다면,

이구성불	因	이념		범부
가지성불	緣	실천		보살
현득성불	果	이념과 실천의 합일		붓다

이라고 나타낼 수 있습니다.

그러나 3종성불은 하나의 동일한 경험적 사실인 즉신성불을 인식상의 편의에서 가假로 셋으로 나누어 본 데에 지나지 않습니다. 철학적 근거[本有의 內證]로 본다면 이구

성불이 되고, 종교적 실천과 그 궁극의 목표로 본다면 가지·현득의 성불이 됩니다.

우리는 밀교의 성불론에서 만물을 법신의 이념하에 긍정하는 대전제를 허용하면서, 거기에 이르고 그것을 터득하는 과정에서 다양한 때로는 다난한 길을 두려워하지 않고 바로 직시하는 철학이 개발되었음을 볼 수 있습니다.

이것이 없이는 만약 밀교의 성불설이 다만 즉신성불의 이념만을 말할 뿐 만인의 수행의 노력을 부정하였더라면, 어떻게 넓고 깊은 마음의 아주 깊은 곳에 들어가서 개인의 마음속에서 내밀하고도 심엄한[密嚴] 세계를 개발할 수 있었겠느냐고 생각합니다. 이 세 가지 성불설이야말로 밀교 철학의 종극이라고 할 수 있습니다.

제8.

밀교의 특성

지금까지 밀교 경전의 특색과 밀교 사상의 여러 양상을 알아 보았습니다. 마지막으로 밀교의 특성을 다섯 가지로 요약해보겠습니다.

1. 신비성[深祕性]

밀교의 특성으로서 첫째로 밀교 사상의 신비성 또는 심비성深祕性이 있습니다. 이것을 궁극성이라고 하는 사람도 있습니다. 밀교라고 하면 경전에 신비적인 체험이 쓰여 있거나 신비적인 체험을 하는 것이 밀교라고 생각하는 예가 많습니다. 올바른 이해라고 할 수 없지만, 사실 신비성이라고 하는 표현으로 밀교 체험의 깊이, 가르침의 깊이를 강조하는 면이 있기도 합니다.

그 한 예로 삼밀가지를 들 수 있는데, 이것은 『대일경』에서도 강조하고 있습니다. 공해 대사의 즉신성불 사상에서도 중심으로 된 것이 삼밀가지의 실천입니다.

간단히 말하면 부처님께 예배하는 것에 의해서 부처님의 신비적인 또는 대자대비의 힘을 자신이 받아서 이윽고 부처님과 똑같은 마음, 경지에까지 고양되어 가는 그것이 삼밀가지의 성불이라고 설하고 있습니다. 그러므로 밀교는 「입아아입」, 즉 부처님이 나에게 들고 내가 부처님에게 들어서 부처님과 일체가 되는 것을 강조하고 있습니다.

삼마지행은 정신 통일하여 마음을 순화하는 것을 의미합니다. 밀교의 행으로 부처님을 예배하거나 수법을 함에서도 그 근저에 삼마지의 경지에 도달하지 않으면 의미가 없습니다. 이 삼마지는 대승불교 또는 초기불교에서도 강조하고 있듯이 정신통일의 극치이고 그리고 그것은 오직 수행하는 그 사람에게만 체험되는 신비의 세계입니다.

또 한 가지 신비성으로 법신설법을 말합니다. 현교에서는 법신이란 무형·무색·무설법이므로 모습도 없고 설법도 하지 않는다고 합니다.

그런데 밀교에서는 법신 대일여래가 설법한다는 것입니다. 부처님이 설하고 불·보살이 듣고 있는 그러한 세계는 보통의 사람들은 알 수 없는 세계입니다. 결국 현교의 입장에서는 이해할 수 없는 깊고 오묘한 심비의 세계를 사상적으로 강조하고 실천에 의해 체험할 수 있음을 설한 것이 바로 밀교입니다.

2. 상징성

　다음에는 상징성을 들 수가 있습니다. 어떤 형상 위에 나타내면서 그 나타낸 형상에 여러 가지 의미를 부여하는 것이 상징주의입니다. 쉽게 볼 수 있는 것으로 사종 만다라가 있습니다. 이것은 앞에서도 언급했듯이, 만다라를 대만다라 · 삼매야만다라 · 법만다라 · 갈마만다라의 네 종류로 분류한 것입니다.

　부처님의 모습을 나타내고 있는 것이 「대만다라」이고, 부처님의 정신세계라고 할 수 있는 본서本誓를 어떤 물건이나 인계로 나타낸 것이 「삼매야만다라」입니다.

　「법만다라」를 「종자만다라」라고도 하는데 불 · 보살을 범자의 한 글자로 나타낸 것입니다. 「갈마만다라」의 '갈마karma' 란 부처님이 활동하고 있는 상태를 말합니다. 그리고 갈마만다라는 조각 등 입체적으로 표현한 것을 말하기도 합니다.

　4종 만다라는 만다라의 표현형식으로 부처님을 네 가지 형식으로 표현한 것이라고 이해할 수 있습니다. 특징적인 것은 인계와 지물 그리고 진언입니다.

삼매야만다라는 부처님의 정신적인 내용을 상징으로 나타낸 것으로, 손으로 무드라[印]을 맺기도 하고, 부동명왕은 칼을, 관세음보살은 연꽃, 약사여래는 약병이라는 식으로 제각기 독자적인 지물을 가지기도 합니다. 이처럼 인계와 지물로 부처님 그 자체를 나타내려고 합니다.

그리고 법만다라는 범자梵字로 부처님을 나타냅니다. 범자의 '아阿'라는 글자는 본불생本不生이라는 절대성, 또는 대일여래와 보리심을 나타낸다고 합니다. 또한 '흐링 hriḥ'라는 한 글자로 아미타여래를 나타내고, '하ha'라는 글자로 지장보살을 나타내는 등 어떠한 불·보살·명왕이라도 범자의 한 글자로 상징적으로 나타낼 수가 있습니다. 결국 문자라는 기호를 존중하여 기호를 의미화한 것입니다.

3. 주술성

주술이라는 말에 좀 좋지 않은 어감이 있을지 모르지만, 주법呪法 또는 주경呪經이라는 경전이 실제로 번역 경전 속에 있고, 「주呪」라는 글자가 밀교 경전 속에 매우 많이 사용되고 있습니다. 더욱이 그러한 것을 외우면 많은 공덕이 있다는 것을 강조하고 있습니다.

다라니를 외우면 병이 낫는다든가 재난을 피할 수 있다든가 하는 여러 가지 공덕을 설하는 것에서 「다라니 신앙」이 유행되게 되었는데, 순수 밀교 이전의 잡부 밀교의 경전에서 많이 강조했음을 볼 수 있습니다.

여기에서 진언 · 다라니가 갖는 교학적인 깊은 사상을 다 설명할 수는 없지만, 밀교 속에 주술적이고 주법적인 성질이 아주 밀접한 관계가 있는 것도 밀교의 한 특색이라고 할 수 있습니다.

4. 사상事相과 교상教相

어떤 종교에서도 또는 불교의 어떤 종파에서도 그것이 종교인 한 교학적인 부문과 실천적인 부문이 있는 것은 사실입니다. 그러나 밀교에서는 특히 그 실천 부문에서 수행과 수법·관법·의례 등 두드러지게 다양한 면이 있는데, 그것을 특히 사상事相이라 하고, 밀교의 특색을 나타내는 중요한 부문으로 되어 있습니다.

교상教相과 사상事相이라는 말은 일찍부터 중국 밀교에서 쓰이고 있습니다. 밀교의 교상이란 밀교의 교리나 교법, 사상思想 등을 연구하는 부문인데, 넓게 말하면 사상事相의 실천에 대해서도 그것을 이론화하는 것이 교상입니다. 그래서 교상을 떠난 사상事相은 형식화일 뿐이고, 사상을 떠난 교상은 공리공론이라 하여 사상事相과 교상은 수레의 두 바퀴, 새의 양쪽 날개와 같다고 하였습니다.

교상의 부문은 많은 밀교 관계의 출판물에 의해 공개될 수 있으므로 이른바 밀교 사상思想 또는 진언교학을 누구나 배울 수 있습니다.

그러나 사상事相은 실천적으로 수행·수법·관법·의례를 행하는 것이기 때문에 그것을 실천하기 위한 기본이 되는 사상事相의 차제 또는 법식의 차제는 반드시 스승[아사리]에게서 전수되어야만 하는 것으로 되어 있습니다.

사상事相 부문의 내용을 살펴보면 다음과 같습니다.

첫째, 출가에서 관정을 받기까지의 여러 가지 수행방법을 지도하고 실천합니다. 여기에는 출가수계의 방법과 사도가행四度加行[19]의 법, 삼매야계, 전법관정 등이 있고, 밀교의 사상事相 가운데 가장 중요한 부분입니다.

둘째, 많은 본존을 공양하고 기원하는 방법이 있습니다. 예를 들면, 관음법·약사법·부동명왕법 등 많은 제존법諸尊法이 있고, 밀교 경전을 강찬하기 위한 인왕경법·이취경법 그밖에 열반회·대반야회·피안회 등이 있습니다.

셋째, 장례의식·연기年忌법요·우란분회 등 사람의 죽음과 추선追善에 관한 행사도 사상事相의 부문에 속합니다.

....

19) 사도가행四度加行 : 18度法, 금강계법, 태장계법, 호마법의 네 가지 수행.

넷째, 실담悉曇과 성명聲明도 사상事相 부문입니다. 실담이란 범자를 말하고, 이 범자로 진언을 쓰거나 제존의 종자를 쓰는 것입니다. 그리고 성명은 경문에 음곡을 붙여서 외우는 불교음악인데, 여러 가지 법요는 거의 성명[범패]으로 되어 있습니다.

5. 양재초복과 즉신성불

마지막으로 밀교는 무엇을 목표로 하고 활동하는 종교인가 하는 문제입니다.

공해 대사는 혜과 아사리에게 배운 밀교의 특질을 설명하면서 밀교에는 양재초복과 즉신성불의 두 가지 측면이 있다고 말했습니다.(『성령집』권5)

(1) 양재초복

공해 대사의 말에 의하면 「재난을 없애고, 행복을 가져오는 마니摩尼:如意珠」라고 하는 것인데, 확실히 밀교 경전에는 현세 이익적인 신앙을 설한 것이 많고, 제존에 귀의하고 예배하고 기원하는 가운데 특히 다라니의 공덕이 강조되어 있습니다.

따라서 밀교의 폭넓은 민간신앙으로써는 양재초복의 현세 이익적인 신앙의 형태를 볼 수 있습니다. 그러나 현세 이익적인 신앙은 밀교에서만이 아니고 대승불교의 제불 · 제보살의 신앙 속에서도 찾아볼 수 있는 보편적인 종교의식의 형태입니다.

예를 들면 약사여래, 관세음보살, 지장보살은 어떻게 중생들을 구제한다고 하는 서원[본원]을 세우고 있고, 이 제불 · 보살에게 기원을 드리면 여러 가지 원을 이룰 수 있다고 믿는 것에서 현세 이익적인 신앙이 행해지게 됩니다.

이러한 경향은 밀교에서 한층 더 강하여 관음신앙에도 종래의 성관음에서 천수관음 · 십일면관음 · 불공견삭관음 · 여의륜관음 등의 변화 관음신앙으로 발전하고 있습니다. 그리고 부동명왕 · 항삼세명왕 · 애염명왕 등 새로운 명왕의 신앙이 성립하고, 더욱이 비사문천 · 성천 · 변재천 등 많은 천신에게도 여러 가지 소원의 성취를 기원하는 등 현세 이익적인 다채로운 신앙 형태를 보이고 있습니다.

⑵ 속질성불 · 즉신성불

즉신성불 사상에 대해서는 앞에서 논술한 그대로지만, 여기에서는 양재초복과 대비하여 즉신성불 사상도 밀교의 가장 중요한 일면이라는 것을 지적하여 둡니다. 『대일경』과 『금강정경』에 설해져 있는 순수 밀교에서는 밀교야말로 범부[시]에서 성인[佛]이 되는 가장 빠른 지름 길이라고 하여, 속질성불·즉신성불을 강조하고 있습니다.

성불成佛을 목표로 하는 것은 성문승이든 대승이든 기본적으로는 큰 차이가 없으나, 성문승불교는 성불을 목표하면서도 그것은 불가능하므로 일체의 번뇌를 끊고 아라한이 되고자 합니다.

이에 비하여 대승불교는 모든 사람이 성불할 수 있다고 하면서도 실제로는 이 세상에서의 성불은 쉽지 않으며 삼아승지겁의 긴 보살행이 필요하다고 설하고 있습니다.

이러한 성불에의 동경과 서원 속에 순수 밀교에서는 삼밀가지의 행에 의하면 곧 이 몸 그대로 성불할 수 있다고 주장하고 있습니다. 이렇게 보면 밀교는 확실히 양재초복의 현세 이익적인 면과 대승불교의 연장선상에서 「즉신성불」의 사상을 전개하면서, 인간이 인생에 있어서 무엇을 목표로 하고 어떻게 진실하게 살아갈 것인가를 밝히고 있음을 알 수 있습니다.

경이로운 생명이 넘실대는 밀엄의 정토여!

이번 생에 집착하면 수행자가 아니고
윤회에 집착하면 열반을 성취할 수 없으며,
자신의 이익에 집착하면 보디삿트바(보살)가 아니고
상相이 있으면 공성空性을 깨닫는 것이 아니라네.

– 만주슈리

○ ●●　　　부처님은 많은 사람의 이익을 위하여, 많은
사람의 행복을 위하여, 인간과 신들의 행복을 위하여, 오직
세상을 불쌍히 여겨 한정된 목숨을 가진 인간으로 태어나셨
다 합니다. 고따마 싯다르타 왕자는 청년이 되어 칠흑 같은
머리카락을 지니고, 다복하고 혈기 왕성한 인생의 청춘에 이
르렀으나, 부모를 즐겁게 하지 않고, 그들이 눈물을 흘리고
통곡하는 가운데, 머리를 깎고 가사를 입고 집에서 집 없는
곳으로 출가 수행자가 되어, 무엇보다도 착하고 건전한 것들
을 구하고 위없는 최상의 평화를 구하며 수행했다고 하셨습

니다. 수행자 고따마 싯다르타는 스스로 극단적으로 네 가지 범주의 청정한 삶을 살며 마침내 '붓다'라 불리는 완성의 최고 상태를 이루셨습니다.

부처님이 깨달아 얻으신 진리는 심원하고, 보기도 어렵고 깨닫기도 어려우며 통달하기도 어려운 것이었습니다. 그러나 부처님은 그 깨달음을 혼자만 간직하지 않고, 뭇삶을 청정하게 하고, 슬픔과 비탄을 뛰어넘게 하고, 고통과 근심을 소멸하게 하고, 바른 방도(ñāya)를 얻게 하고, 열반을 실현하게 하는 「하나의 길(ekāyano magga—乘道)」을 세상에 선언하셨습니다.

세상의 어떤 수행자나 성직자는 '사람이 하는 것은 일체가 다 숙명에 의해 지어진다'[숙명론]고 하거나, '사람이 하는 것은 일체가 다 존우에 의해 지어진다'[존우화작론]고 하거나, '사람이 하는 것은 일체가 다 인因도 없고 연緣도 없다'[우연론]라고 말하지만, 그런 주장에서는 아무런 이익도 얻지 못한다고 부처님은 명확하게 말씀하셨습니다.

사실 윤회의 번뇌와 청정의 열반은 둘 다 자신에게 달려 있으니, 방일하지 않고 정진하고 깨어있으며, 계율을 잘 지키고 마음을 잘 보호하며, 이 법을 주의 깊이 생각하며 사는 자라면 누구나 윤회하는 삶의 고통에서 벗어날 수 있다고 하셨습니다. 외부적인 신神이나 사제자司祭者의 중재에 의존하지 않고 니르바나의 영원한 기쁨을 깨달을 수 있다는 가르침을 펴신 부처님은, 『완전한 열반의 큰 경』(DN.16)에서 "아난다여, 나는 안(Anantaraṁ;無限;秘敎的인 교리)과 밖(abāhiraṁ;無外;顯敎的인 교리)의 사이에 아무런 차별을 두지 않고 가르침을 다 설했다. 아난다여, 여래의 가르침에 「스승의 손안에 움켜쥔 것(ācariyamuṭṭhi 師拳)」은 없다."라고 하셨습니다.

이처럼 분명하고, 열려 있고, 확실하고, 위선이 없는 가르침을 설하시던 부처님께서 "수행승들이여, 방일하지 말고 새김을 확립하고 계행을 잘 지켜라. 잘 집중된 사유로 자신의 마음을 수호하라. 이 가르침[dharma]과 계율[vinaya]을 방일하지 않고 닦는 자는 태어남의 윤회를 버리고 괴로움을 종식하리." (DN.16:95)라는 유언을 남기시고 입멸하신 후 불교교단은 초기불교, 부파불교, 대승불교, 밀교의 흐름으로 전승되어 왔습니다.

부처님께서 밀교와 현교라는 안팎의 차별을 두지 않고 가르침을 다 설하셨다는 관점에서 볼 때, 「대승불교」에서 「소승불교」라고 깎아내리는 「아비달마 부파불교」뿐만 아니라, 테라바다(상좌부)불교에서 정통불교가 아니라고 폄칭하는 「대승불교」「선불교」「불교밀교」까지도 「부처님 가르침」의 범주에 드는 것입니다. 「밀교」는 특히 법신의 설법이라 하며, 역사상의 석가모니 부처님을 교주로 하지 않고, 우주의 진리라고 하는 비인격인 법신 「비로자나불」을 교주로 한다고 합니다. 또한 '대승 가운데 금강(vajra)의 교리인 「과果의 대승」과 바라밀의 교리인 「인因의 대승」을 하나로 혼합하여 두 개로 나누지 않는 대승을 「금강승金剛乘」(密乘)이라 한다' [쫑카빠 대사]는 교학체계도 있습니다.

이 모두를 「부처님 가르침」이라고 한다면, 대승·소승이나 현교·밀교 등으로 서로 깎아내리거나 우열로 나누어 분별 대립할 것이 아니라, 부처님의 근본 가르침인 「하나의 길[一乘道]」이라는 관점에서 이해해야 할 것이라 봅니다.

특히 「불교밀교=비밀불교」라고 할 때 단지 비밀스럽다, 신비하다는 의미의 '비밀'이 아니라, '미숙한 자에 대하여 그 자신을 위해 여래가 개시하지 않는 비밀'과 '모두 공개되어 있음에도 불구하고 자기 마음의 눈이 닫혀 있기 때문에 볼 수 없는 비밀'이라는 두 가지 '비밀'의 의미에서 「밀교」라고 한다고 주석하는 이유도 여기에 있다고 봅니다.

티베트불교에서는 밀교에 네 가지 특징이 있다고 말하는

데, 첫째 무지無知하지 않은 것, 둘째 방편이 많은 것, 셋째 힘
들지 않은 것, 넷째 아주 상근기의 수행자만이 수행할 수 있
는 특징이라 합니다.

　그런데 비의적秘義的인 탄트리즘Tantrism과 샤크티sakti라고 하
는 성력性力을 완전히 지배할 때 해탈도 가능하다고 하는 좌도
밀교적인 힌두밀교와 불교밀교를 구분하지 못하고 오해하거
나, 주술적인 것이 불교밀교라고 하는 잘못된 이해 때문에,
「불교밀교」를 「불교의 이단」이라고 폄하하거나, 힌두밀교와
동일시하며 불교수행자가 오히려 소위 비의적이고 성력性力의
원리 쪽을 추구한다면 그것은 「불교」와 「불교밀교」 자체를 왜
곡하는 것이라 할 수 있습니다.

　이런 문제에 대하여 부처님의 모든 가르침을 '람림(보리도차
제)'의 체계로 확립하신 아티샤 존자는 그의 『보리도등론』에
서 "『본초불대밀법本初佛大密法』에서 분명히 금지하고 있기 때
문에 ①보병관정 ②비밀관정 ③지혜관정 ④제4관정의 네 가
지 관정 가운데 「비밀祕密 관정」과 「지혜智慧 관정」을 청정행자
[梵行者]는 받지 말아야 한다. 만일 출가 비구가 그러한 관정을
받는다면 청정한 범행梵行에 안주하는 것을 위반할 수도 있고,
인욕의 율의律儀를 손상하게 되기 때문이다. 청정범행梵行을
잘 지키는 지계자가 타승죄他勝罪:重罪를 범하게 되면 그는 분명
히 악취에 떨어지게 되고, 어떠한 싯디[성취]도 또한 이루지 못

하게 된다."라고 엄격하게 지적하고 있는데, 티베트밀교 가운데 특히 쫑카빠 대사의 겔룩파 무상요가탄트라는 이러한 체계를 근간으로 하고 있습니다.

　카츠마타 슌쿄勝友俊敎 박사의 이『밀교입문』은 불교밀교를 이해하는 데 많은 도움을 주리라 생각합니다. 역자가 이 책을 만난 것은 일본 진언종 총본산 고야산에서 밀교학을 연찬하며 수행할 때입니다. 고야산대학에서 마츠나가 유케이松長有慶 교수의 '밀교는 부처님 가르침의 꽃이고, 종합이고, 완성'이라는 강의를 경의롭게 들으며 밀교에 대한 의문과 오해가 모두 해소되는 기쁨과 함께, 카츠마타勝友俊敎 박사의 친절하고 평이하게 설명하며 안내하는 이 입문서가 망망하고 심오한 진언밀교의 교학을 연찬하는 데 길라잡이가 되어 주었기에, 고야산에서 수학 연찬하던 중에(1992년) 환희롭게 공부하며 옮긴 것입니다.

　이『밀교입문』은 중국과 한국, 일본에 전해진 중기밀교까지의 설명입니다. 특히 일본 진언종의 종조 쿠카이空海 대사의 저작을 중심으로 서술하고 있어서 진언밀교 전체 가운데 후기밀교 부분은 빠져 있다고 볼 수 있습니다.

　현재 불교밀교 가운데 후기밀교는 티베트에 전해지고 있습니다. 역자는 인도 다람살라 규또 밀교대학에서 수학하면서 티베트밀교의 차제를 정립한 쫑카빠 대사의 『응아림첸모-비밀도차제』를 중심으로 차제별 관정과 연찬을 지도 받는 법연을 지었습니다.

대승불교를 최종적으로 계승한 '불교밀교'의 온전한 이해를 위해서는 후기 밀교시대에 해당하는 티베트밀교까지 아울러야 합니다.

쫑카빠 대사의 『응아림첸모-비밀도차제론』과 대사의 상수 제자인 케둡제 스님의 「밀종도차제론」은 티베트밀교 전체의 교리체계와 수행체계를 완벽하게 정리하고 있는 명저입니다. 이 심오하고 위대한 가르침들을 소개하는 법연을 기약하고 있습니다.

그동안 역자가 『티베트불교 수행설계도』(하늘북)와 『티베트밀교명상법』(불광출판사)과 『니르바나의 커다란 행복을 향한 지혜의 길-반야이취경강해』(부다가야)에 이어 『밀교입문』을 옮길 수 있도록 후원해 주신 보리원 람림학당 역경후원회 회원불자들의 관심과 맑은 공양에 찬탄하며, 이 법공양 인연으로 호법護法과 홍법弘法의 등불 더욱 밝히기를 서원하며 근본 스승이신 쫑카빠 대사님이 「연기찬탄문」에서 발원하신 게송을 마음 깊이 다시 새깁니다.

「항상 이타를 행하시는 구호주 부처님의 가르침에 대해
악한 생각과 미혹한 분별의 바람에 흔들리지 않고
고통스러운 윤회의 삶이 끝날 때까지
확고한 믿음을 얻은 이가 항상 충만하게 하소서.

어떠한 생으로 태어나든 저의 몸과 목숨을 다해
부처님의 위대하고 미묘한 가르침을 호지하며,
깊고 깊은 「연기의 법」을 밝히고 드러내는 데에
단 한순간도 게으르지 않게 하소서.

위없는 구호주이신 부처님께오서
무한 겁 동안 치열한 정진으로 성취하신 이 가르침을
어떤 방편으로 융성하게 할 수 있을지
밤낮으로 신중하게 항상 숙고하게 하소서」

2024년 5월 길상한 날

람림의 마을 원적산 보리원 람림학당
비구 석 혜 능(텐진 윗쑹) 정례 발원

밀교,
마음의 부처
찾아가는 가장 빠른 길

초판인쇄	불기2568(2024)년 9월 10일
초판발행	불기2568(2024)년 9월 26일
저자	카츠마타 슌쿄
번역	석혜능(텐진 윗쑹)
발행인	노계왕
펴낸곳	도서출판 부다가야
	울산광역시 울주군 웅촌면 은하길 16-3
	보리원 람림학당 전화. 052)227-4080
등록	2024년 7월 23일
등록번호	제 373-2024-000006호
편집디자인	대한기획
	전화. 051)866-7818 · 팩스. 051)864-7075
	E-mail. daehan5680@daum.net
ISBN	979-11-988735-0-7 (03220)

값 18,000원